新货币战争

刘振友 著

新世界出版社
NEW WORLD PRESS

图书在版编目（CIP）数据

新货币战争 / 刘振友著 . -- 北京：新世界出版社，2017.5

IISBN 978-7-5104-6232-0

Ⅰ . ①新… Ⅱ . ①刘… Ⅲ . ①货币史—世界 Ⅳ . ① F821.9

中国版本图书馆 CIP 数据核字（2017）第 062971 号

新货币战争

作　　者：刘振友
策划编辑：张铁成
责任编辑：佟　萌
责任印制：李一鸣　王宝根
出版发行：新世界出版社
社　　址：北京西城区百万庄大街 24 号（100037）
发 行 部：（010）6899 5968　（010）6899 8705（传真）
总 编 室：（010）6899 5424　（010）6832 6679（传真）
http://www.nwp.cn
http://www.nwp.com.cn
版 权 部：+8610 6899 6306
版权部电子信箱：nwpcd@sina.com
印　　刷：北京亚通印刷有限责任公司
经　　销：新华书店
开　　本：787mm × 1092mm　1/16
字　　数：189 千字　印张：16
版　　次：2017 年 5 月第 1 版　2017 年 5 月第 1 次印刷
书　　号：ISBN 978-7-5104-6232-0
定　　价：49.80 元

PREFACE 前言

提到货币，是当代人不能回避也回避不了的事情。传统思维认为，货币是用作交易媒介、储藏价值和记账单位的一种工具，是专门在物资与服务交换中充当等价物的特殊商品，而且，我们在过往中使用的货币一般都是由国家发行的。

然而，随着互联网技术的发展，尤其区块链技术的出现，让货币开始有了新的形态——无政府管理、无信用背书的数字货币成为了新的可能。当然，伴随而来的是蔓延到全世界范围的新型货币引发的金融战争形势。这场没有硝烟的金融战争，波及全世界的各个层面——不仅仅涉及到我们每个人的日常生活，更影响到了国家与国家之间在世界舞台上的无声较量。

这本书就是讲述了货币的发展史，同时也介绍了新型数字货币的实际情况及未来展望，我希望并且相信，本书将会为广大读者打开全球金融形势的全新视野。

感谢本书在创作过程中所有帮助过我的人，感恩我的家人的帮助，尤其是我的儿子刘恒语、刘城睿（Marcus），希望他们好好学习，将来成为对社会有贡献的人。

全球加密数字资产研究院院长

刘振友

2016年11月11日于美国洛杉矶

CONTENTS 目录

| Chapter 1 |

世界货币发展史

原始的自然货币时代

卢梭曾经说，我们手中的金钱是保持自由的一种工具。言外之意，金钱的形象代言人“货币”也只是一种工具而已，其作用是随着历史长河的流淌而逐渐丰盈起来的。正是由于货币的出现，人类的发展才有了长足的进步，由此产生了经济，并且有了错综复杂的经济格局和没有硝烟的货币战争。

那么货币又是什么时候出现的呢?

在新石器时代，日子远比“茹毛饮血”的时候要好过一些。原始人有了自己的房子、衣服、弓箭，甚至温饱之余还有少量的单一物资库存，比如绳索、肉类等。但是那个时候生活物资品种少，且极其匮乏，往往是“有东没有西”。因为没有超市，原始人也不可能用电子购物卡刷卡消费，大概也只能用自己家的葱换别人家的蒜。而这样简单的“以物换物”的交易方式，恰恰就产生了最初的货币形式——自然货币。

所谓自然货币，简单来说就是用自然界的物品充当货币，比如猪、狗、牛、羊、鸡、鸭、鹅、贝壳，一切你觉得值钱的、有交换价值的东西都可以充当货币。

举个例子：老王上山打猎，运气不错，打了一只野猪。但是除了野猪之外，他还缺米缺盐，那该怎么办呢？于是，他逛遍整个社区，发现老李家里有米有盐，于是开口道："老李啊，我现在缺盐缺米，能不能用一块猪肉换你一些盐、米？"

老李也看看自己的家底，发现自己家正好缺肉呢，于是答应："好吧好吧，一斤肉就换一斤米一斤盐……"

老王用猪肉换了老李的米和盐，不仅达到了自己的目的、满足了自己的需求，而且还是建立在"平等自愿"的基础之上，完全是皆大欢喜的事。

但是后来人们发现，猪、牛、羊等产品不是容易变质就是难以携带，交易起来比较麻烦，那该怎么办呢？

公元前两千多年，另外一种小巧玲珑、外观美丽、兼具时尚功能的自然货币出现了，这种自然货币就是"贝壳币"。

与猪、牛、羊等庞大而难以携带的自然货币相比，贝壳不仅便于携带，而且因为其获取困难而兼具物以稀为贵的属性，便荣登新自然货币的宝座。那时候，人们外出购物，常于腰间挂着一串贝壳，尤其挂于女性的腰间，似乎还增添了不少韵味。当然装饰是次要的，主要目的还是充当货币使用。

作为货币的贝壳也是量化的，相当于一块钱、五块钱、十块钱。我国古代贝壳币的计算单位为"朋"，十个贝壳为一朋，有些地方也有二十个或者一吊为一朋。

那么一朋的购买力又有多少呢？商朝早期，由于贝壳开采技术依旧比较落后，一朋贝壳币还是比较值钱的。据说有人可以用一朋换一只羊或者一个更大的东西。后来贝壳开采量逐渐加大，贝壳币开始慢慢贬值。据记载，在商朝中晚期，一朋只能换一笼包子或者一包黍米，如果购买大物件，恐怕就要动用马车拉数量巨大的贝壳币进行购买了。

西方诸国，由于文明进程比古代中国要晚一些，他们选用的自然货币多以“毛皮”“斧头”“盐”等为主。在一些沿海地区，也有许多国家曾经采用贝壳作为货币，或是穿在一起，或是将一些极为罕见的“宝螺”用毛皮抛光后单独存放。在非洲，以贝壳为主的货币一直持续到十九世纪。十八世纪欧洲大肆在非洲买卖黑奴，就曾用贝壳进行交易，而购买一个黑奴的价格大概需要十万贝壳币。可想而知，数量巨大的黑奴交易曾经花掉数以亿计的贝壳，而这些贝壳无疑见证了世界货币的演变史。

自然货币是纯粹意义上的大自然产物，当然也就带着它的自然属性。这些属性不同的货币，有的可以是“喘着气”的，有的可以是“巨大难以挪动”的，有的甚至连自己的亲生骨肉都可以拿来充当货币。曾经流传着许多“以物换物”的故事：古代有一个人费尽全力，耗时三天三夜搬运几吨的石块只是为了换一只看上去不太精神的山羊；而另外一个人竟然用自己的亲生骨肉换来果腹用的粮食……似乎听上去在蛮荒时代的交易是可笑而残酷的，但作为货币的起源，那些“喘着气”“难以挪动”“花里胡哨”的大自然之物确实起到了至关重要的作用。可以说，没有它们也就不会有后来的金属货币、纸币甚至今天的电子货币……

这些笨重的、看上去不可思议的，抑或是精美如艺术品的自然货币有一个公认的特点：价值稳定，并且具备普遍接受性。比如一个地区缺盐，便有从盐资源丰富地区来的“商人”，他们用盐换取他们的所需，然后再用这些所需继续购买或者雇人开采更多数量的盐。长此以往，这些靠盐营生的人积累了越来越多的财富，逐渐发展成后来的盐商。而那些便于携带的自然货币不仅仅是一把“交易”利器，而且也为后面金币的出现奠定了基础。

马克思曾说，货币天生不是金银。从另外一个方面看，货币可以由“任何一种物体”充当。但是随着人类世界的发展，矿石开采技术的出现以及冶炼技术的进步，一种新的可以被人为控制和加工且化学性质稳定的“大自然产物”——金属逐渐盛行起来，并慢慢开始代替贝壳、皮革、珍珠等进行交易。古代中国经历夏商周春秋几代的演变，贝壳这种自然货币逐渐退出历史舞台，取而代之的则是秦国统一的金属货币。

落后且原始的自然货币因其存在“诸多弊端”而在人类社会漫长的更替和演变中逐渐被淘汰，但其价值作用、财富功能并未发生根本性改变。可以说，盐换面包、贝壳换皮革不但不是人类笑话，恰恰是引发未来“货币战争”的开端。

席卷世界的金属货币

如果说自然货币是人类走向文明的标志的话，那么金属货币则是真正让蛮夷的人类走向文明，那么什么是金属货币呢？

顾名思义，金属货币就是按照一定的计量单位、用不同的金属制作而成的货币。这一类货币有固定的重量，而单位重量则代表一个价值域，故金属货币也叫称量货币。比如中国古代，黄金、白银按“两”计算，铜钱则是按“枚”或者“铢”计算。

有一个故事，古代南方长江流域的某个家庭，为了给儿子娶媳妇，特准备了一堆聘礼。咱们看看他准备的聘礼到底有什么：

聘饼一担，约 50 斤

海味四式，每式两袋

三牲（鸡鸭猪肉等）

鱼一条，意为年年有余

椰子一对，意为有爷有子，大吉大利

酒四坛

干果、糖、茶叶、帖盒若干

聘金，200 两白银

聘礼的关键在于这压戏轴的 200 两白银，而白银就相当于现在的人民币，只不过那时候的金钱常由金银打造。如按照今天市价换算，200 两白银大概相当于 3 万块钱，可见古时中国在娶媳方面出手之阔了！

除此之外，金属货币有着自然货币无可比拟的优势，而正是这些优势让金属货币保留至今，依旧是当今世界主要流通的货币种类。

与自然货币大小不一、属性不一、容易变质等劣势相比，金属货币价值稳定、易于分割、方便保存、便于携带等特点使它迅速席卷全世界，成为人类眼里最能体现“等价交换”的金融工具。

早在夏朝初期，虽然那时的交易还是以贝壳币为主，但是已经出现了原始的金属货币。据《管子・山权数》记载：汤七年旱，禹五年水，民之无粮有卖子者。汤以庄山之金铸币，而赎民之无粮卖子者；禹以历山之金铸币，而赎民之无粮卖子者。《史记・平准书》则有这样的记载：虞夏之币，金为三品，或黄或白或赤。言外之意，当时的金属货币有金银铜三种铸币，每一种代表的价值皆不同，犹如现在面额 100 元、50 元、10 元的纸币。

到了商朝，金属货币就已开始进入大量“仿造”阶段。这些金属货币多是贝壳币的仿制品，而选用的金属多以铜为主。据记载，1953 年，中古考古队在河南某商墓发掘随葬铜币三枚；此后十几年，陆陆续续又在河南、山西等地发掘随葬铜币数百枚。这些铜币大多做成贝壳状，是非常完美的贝壳币的替代品。

随着历史的演变，冶炼铸造技术的提升，金属货币取代自然货币成了历史必然。而后千年，秦朝在统一了六国后，随之也统一了货币。秦朝统一的货币甚至是一种名正言顺甚至带着“官方设计标志”的专利产品。

在鼎盛的秦朝时期，规定黄金为上币，铜为下币。所谓的“上”和“下”，是价值大小的体现。其中最常见的秦朝金属货币是铜铸下币，也就是我们今日常说的方孔圆钱儿。这种铜钱的计量单位是“半两”，后来也被称为“半两钱”。半两钱有大有小，小的 8 克左右，大的 20 克。到了秦二世时期，因皇帝大兴土木耗费掉无数铜，以至于无铜铸造铜钱儿……真是可悲又可笑！于是秦二世采用“偷工减料”法，将铸铜钱的分量减轻一半，但是价值却与过去相同！当然这也引起了最早的“通货膨胀”，民怨不断，加速了秦朝灭亡。

在西方社会，金属货币最早出现于公元前六世纪的小亚细亚西部的里底亚王国。该国人在荷蒙山发现了一种合金矿，而这种矿非常适合铸造货币。于是在经过无数次尝试后，一种名叫“里底亚”琥珀金的货币面市了。这种金属货币上面不仅加印了兽首，还有一些类似图腾的图案，金属光彩夺目，具有很高的艺术收藏价值。

到了公元七世纪，金属货币已经在欧洲大陆广泛应用。其中盎格鲁撒克森王国确立了“半斯力克银币”为主的货币体系，影响了欧洲大陆数百年。而“半斯力克银币”就是那个时期铸造的金属货币。

欧洲大陆的其他国家也多以金银铜作为主要的铸币金属，其中公元初年的罗马曾经发行奥里斯金币、第纳里斯银币、塞斯特斯银币和阿斯铜币。恺撒时期的奥里斯金币重 8 克，后来随着战争以及黄金的开采量减小，奥里斯金币的重量也随之缩水……到了戴克里先时期仅仅只有 5.45 克。

公元六世纪的拜占庭王国也是用金银铜做为主要的铸币金额，其中苏勒德斯金币就是那个时期的产物。一枚苏勒德斯金币含“千足金”4.5 克，可以换两枚半西斯金币，两枚半西斯银币可以兑换 48 枚半斯力克银币，48 枚半斯力克银币又可以兑换 192 枚弗里斯铜币。西方诸国通过“铸币权”控制整个国家乃至西方的经济命脉，可见金属货币不仅仅是一种“以物易物”的筹码，更是一种操控政治的手段和引发货币战争的工具。

十四世纪初，法国推出一种银质货币——利弗尔。这个利弗尔就是大名鼎鼎的“法郎”的前身。其中 3 个利弗尔可以兑换 1 个艾居银币，10 个利弗尔可以兑换 1 个皮司托尔金币。由此可见，金属铸造货币不仅可以在货币之间进行轻松兑换，而且在金属称量价值上也是相通的。小说《三个火枪手》中曾这样写道：当达达尼昂老爹把这匹马赏赐给他时，他一边接受，一边长吁短叹。他心里很清楚，这样一匹马，至少要值二十利弗尔，而随同这件赏赐给他的训示，的确堪称金玉良言……由此可见，20 利弗尔可以买到一匹马，一个普通工人一天的薪水仅仅只有三分之一个利弗尔，如果是一家三口吃一顿大餐也仅仅只用一个利弗尔就足够了……

随着时代的发展，金属货币逐渐发展成为以“黄金”为主的货币形式，而黄金作为一种稀有的、不可再生、金光灿灿，甚至可以按照“克”“盎司”等标准称量的单质金属，使得欧洲进入了著名的“金本位”时期。

如今金属货币依旧在广泛应用，比如坐公交车、超市存放行李等，金属货币携带方便、适合各种“投放”，尤其在许多领域依然有着不可替代的优势。不过科技在进步，时代在发展，作为一种“稀缺资源”，适合铸币的贵金属将越来越少，而人类的货币史必然将会催生出另一种货币形式——纸币。

悄悄演变的纸币

无论货币的最终发展形态是什么，其“易物”的职能永远不会发生变化。从古到今，人类先后经历了自然货币、金属货币，后来又催生出新的货币——纸币。

现今社会，纸币是应用最广泛、印制发行最为快捷的一种货币，许多地下造假组织也会利用先进的制版工具伪造大量假钞来牟取暴利。但是纸币并不仅仅只是一张纸，而是一种带着“高精尖防伪”和“银行基因”的高科技产物，更是货币发展史上的一次巨大飞跃！

西汉时期，汉武帝连年与匈奴作战，国耗巨大。为了缓解财政危机，国家便设计出一款功能与铜钱一致的“鹿皮”钱币，这个钱币也叫白鹿皮币。《史记 ·平准书》记载：白金为中，赤金为下，今半两钱法重四铢，而奸或盗摩钱里取镕，钱益轻薄而物贵，则远方用币烦费不省。乃以白鹿皮方尺，缘以藻（一作紫）缋，为皮币，直四十万。王侯宗室朝覲聘，必以皮币荐璧，然后得行……汉武帝年间，白鹿泛滥，鹿皮不值钱，只是获取较为方便而已，而一张白鹿皮币价值却高达 40 万钱，其货币价值甚至可以购买成千上万只白鹿了。当然这种“白鹿币”更像是一种“皇帝令牌”，仅仅在皇室内小范围流通。

到了唐朝，又出现了一种奇怪的钱币——飞钱！当然这个“飞钱”并不是现在流行的“飞钱 POS 机”，而是一种类似“承兑汇票”的东西。据记载，唐朝中后期，各地土匪很多，许多商人担心被劫财，于是脑洞大开想出了这么一个东西来。严格意义上讲，飞钱不是钱，只是一种“汇票”而已，它不能直接当钱花，只能当作一个凭证在特定场所换取银两。不过不难想象，金属货币作为一种称量货币还是有诸多缺陷。尤其大宗交易，所需要的金属货币数额庞大，恐怕一辆马车也难以载下……

白鹿皮币和飞钱虽然外形上有了纸币的雏形，但是其流通范围依然很有限，看上去更像汇票。到了宋代，一种看上去更像纸币的东西出现了，这个东西叫“交子”。

有这样一个记载：宋朝打下巴蜀之后，官兵大量搜缴民间铜钱充公，致使老百姓手里无铜钱可用。如果没有铜钱了那该怎么办呢？群众的智慧是强大的，于是乎大量用来代替铜币的铁币上市了，铁币兑换铜币的比例是 10∶1。也就是说买一个馒头需要两个铜钱，现在也可以用二十个铁钱进行购买。对于普通老百姓而言，购买油盐酱醋也用不了几个铁币，但是对于那些做大生意的商人而言就非常麻烦了，他们有时要拉着一车铁币去换一车货物。久而久之，一个名叫王昌懿的富商终于坐不住了。

某一天，他召集了十六个像他一样的商人一起开会。没想到的是这十六个富贾也有着一样的痛苦，他们集思广益想出了一个办法：印刷一种固定样式的纸券！这个纸券虽然有着同样的图案，但标注了不同商家的铺号。只要是他们“商业联盟”的业务，都可以用这种纸券兑换，当然也收取一定的手续费，而这个纸券就是“交子”。

交子一经推出，就红透半边天。交子只是一张纸，携带方便，可以拿在手上，也可以揣进怀里……不管做多么大的生意，随兑随用，便利无比，再也不用牵着一头毛驴到处跑了。

当然私人发行交子总会有一些缺陷：其一，个人钱庄规模总是有限，备用金不能保证天天盈余；其二，打着幌子滥印交子的钱庄比比皆是，诈骗案多如牛毛，甚至衙门断案都断不过来。如此下去，交子不是退出历史舞台，就是被政府管控起来。

公元 1024 年，第一张由官方发布的交子问世了。官方交子不但有着统一的面孔，而且还有固定面额，比如一元、五元、十元……数额大的交子可以置办大物件，而数额小的交子还可以直接购买生活用品。这样，交子活脱脱成了普通纸币，并迅速在民间广为流传开来。到了十三世纪，游历中国的马可·波罗发现了这种纸币，称之为“点金术”，后来又将它带到了波斯。虽然交子可以很好地替代铜钱，但是无节制的印刷导致了严重的通货膨胀，以至于在明朝初期，交子被完全废止。

欧洲的纸币出现得比较晚。1661 年，瑞典银行的前身斯德哥尔摩银行发行了一种名为“塔勒”的钞票。这种钞票一面印有编号和字母，另一面则用手写发行日期，相当怪异。当然这个钞票也是历史上的短命鬼，仅仅几年就因为发行过度而导致信用跌停，致使该银行破产。

1694 年，英国也发行了一种可以直接兑换金银货币的纸币，但是这个纸币似乎更像银行券而不能直接购买东西。

进入十八世纪，法国、德国、意大利等国家也开始纷纷效仿，由国家银行大量发行纸币。这些花样繁多的纸币就像一张张花纸头，有的在历史的波浪上翻腾几下便消失了，有的则随着潮流一直往前走直到现在。

如今，全世界一共有二百余种纸币，这些纸币好似无数个图案不同的“价值符号”在不同的区域内发挥着作用。与金属货币相比，纸币成本更低、携带更为方便，更加容易保管，并且不会因为数量稀缺而停滞流通。造币技术的发展，同样也给纸币打上了“防伪标签”。然而纸币终究还是“纸”做的，终究逃不过“命薄如纸”的命运，尤其在东南亚气候潮湿的国家，纸币不免潮湿、虫蛀。而另一方面，在缺乏国家信用的基础上，其发行量往往会大肆泛滥，如洪水猛兽般吞噬掉一个国家的经济命脉。

随着时间脉搏的跳动，纸币的未来会是怎样？是继续如厄尔尼诺般席卷全球，还是静候另外一个替代者被淘汰出局？

插上科技翅膀的电子货币

人类历史的长河中，没有一种东西是恒久不变的，文明的演变，科技的发展，许多东西从量变到质变，又从质变到量变……货币也是如此。现代人已经很难想象“拿着一堆贝壳去超市购物”是怎样的画面，更无法想象未来世界的金钱是以何种形式存在，是类似带有生物信息的芯片，还是完全虚拟化的磁条卡片呢？

有一个故事，一个年轻人在某购物网站上看好一件商品，当他下单购买时发现钱不够了。于是，他告诉了自己的父亲。

父亲从口袋里掏出几张纸币，说：“现在你可以马上买下它，不用再为缺钱而发愁！”

然而问题在于这笔交易完全是在虚拟交易下进行，此时银行已经下班，无法给自己的网络账户充值。因此，这个年轻人错过了这笔交易。

互联网让世界变成了地球村，同样也让现实中的货币变得不再那么“紧俏”，纸币在某些情况下似乎已经无用武之地！巧妇难为无米之炊，难道风光无限的金属货币和纸币也要面临如此境遇？

事实上，货币只是一种符号，一种所有者参与市场交换权的契约而已。打个比方，在自然货币所主宰的世界里，你可以用一只羊换一麻袋大米；在其他货币所主宰的世界里，你也可以用任何相应类型的货币去换一件你想要的物品。而在科技高速发展的今天，许多商品只是以一个图片的形式被放在某个网站里，你想要购买它只需要点一下鼠标即可。也就是说，如果钞票只是用来现点现卖的话，那么网络交易就必须催生一种“新工具”出现。这种“新工具”，就是我们所说的电子货币。

1990年，也就是“冷战”准备结束的那一年，美国加州大学伯克利分校一个名叫大卫·乔姆的疯子开始他的“密码学”狂想曲。在他的世界里，人类的各种交易是不安全的，不是被强盗所抢劫，就是容易泄露自己的交易隐私。于是他设想，能否创造一种带有密码的交易货币？这一年，他远赴荷兰阿姆斯特丹与志同道合的人组建了一个“密码学”组织，专门攻克这一课题。

1993年，他离开“密码学”组织，返回美国加州的帕洛阿尔托，成立了一家名叫“数字现金”的公司，这家公司有一个主打产品名为“Ecash”。“ Ecash”其实就是原始的数字支付系统，换句话说，“Ecash”就是一张可以刷的电子消费卡。他将这个系统绑定在荷兰某高速路口监视器的一个智能卡上，装有同样装置的汽车不必停车便可以自动支付过路费。当这个东西一经推出，便引起许多高科技公司甚至银行的注意。

虽然“Ecash”是一种科技产品，但它并不完善，还存在各种各样的缺陷。大卫·乔姆对“Ecash”继续进行研发和改进，又推出一个名为“CyberBucks”的东西。这个东西虽然可以实现互联网交易，但是却违反了荷兰中央银行的规定，触碰地雷的“CyberBucks”只能紧急下架，大卫·乔姆的科技公司也随之倒闭。

虽然一个大卫·乔姆倒下了，但是却有无数个“大卫·乔姆”站了起来。随着互联网的发展，与之相匹配的支付方式和货币种类也应运而生。其中花旗银行的某高管曾如此评价“Ecash”：如今消费者不再那么忠诚了，他要求他的银行必须提供所有的服务，如果他们不，他会切换到另一家银行。Ecash 已成为其中的一个服务，言外之意，“Ecash”这类东西已经撼动了银行这棵大树的利益，而那些银行家们也开始不断反思。

时间这把钥匙似乎将要打开另外一扇门，而门的另一面则是另外一个世界，是一个不同于旧货币的新世界。而这个世界的货币更加地虚拟化、符号化，它不再是一块有分量的、压手的金属，更不是一张可以卷曲或受潮的纸张；它不需要随身携带，更不需要将自己摆在大庭广众之下进行面对面交易……这一切都预示着电子货币这一新货币将要称霸世界。

那么我们看一看，电子货币又有什么特点呢?

从表面上看，电子货币的特点就是“电子”二字，或者说它更像是一个电子产品。既然是个产品，那么它的设计发行者可以是个人、公司、银行甚至政府，也就没有强制性。除此之外，电子货币不需要随身携带，它可以由一个账户和一串密码组成，只要有相关设备或者网络接入点，便可以完成整个交易或者服务。电子货币的推出，可以让你在家或者公司的某个角落享受“匿名交易”，它可以有效保护你的个人隐私，而且还可以隐藏你的交易数据（因为每一个人都有自己的秘密）。最关键的一点，它不需要你提供一个密码箱或者存钱罐，它可以将你的全部家当放进一张 IC 卡或者一个电子账号里。

可以看出，电子货币是插着“科技翅膀”的高科技产物，它更加方便快捷和隐秘，甚至可以像一个“幽灵”一样自由出入于世界各个角落。而在旧的货币世界，你却需要将一打一打钞票小心翼翼地揣在怀里，生怕被哪个坏蛋抢劫或者偷掉你的“财产”。

新货币取代旧货币是历史的必然趋势，也是人类发展的必然产物。它不会违背货币的自然属性，更加不会改变使用人之间的信用关系，但是它却可以改变整个货币体系，打破旧日常规，抑或引起新一轮的货币战争。

|Chapter 2|

国际货币体系发展史

经典金本位时期

在茹毛饮血的年代，人们靠羊皮、鹿肉、贝壳、弓箭兑换自己所需要的物品，但是这些交换物有着太多的不确定性。后来有了金属，它们易于分割、便于携带，似乎天生就是用来充当一般等价物的，但资源有限。而在这些金属中，黄金是最特别的一位，它金光闪闪、体积小而重量大，可以说是金属界的“钻石王老五”。由此，黄金自从进入人类视野，便高高在上，珍贵万分，完全是价值和财富的象征。俗话说：黄金面前，国王也要脱帽！这个意思是指，黄金的珍贵足以让皇帝自愧不如。于是乎，世界各国都把这种疯狂的金属当成“潘多拉魔盒”里的宝贝，希望它有朝一日能够让自己的国家变得更加富有，更加强大。

十五世纪，海洋强国纷纷玩起了“海洋游戏”，哥伦布、麦哲伦等大探险家纷纷从大西洋沿岸出发，想要寻找到漂浮的金山而使帝国崛起。当然这样的金山是不存在的，但是在疯狂的寻金之旅中，人们似乎发现：黄金是有魔力的，甚至它还有一只可以掌控一切的无形之手！就是这样一位“土豪”，它逐渐成了货币代言人，甚至还一度构建了一个庞大的国际货币帝国——金本位体系！

说起金本位体系，不得不提一个人：牛顿。是的，这个牛顿就是发现万有引力的物理学家牛顿。

1696年，牛顿进入英格兰皇家铸币局成为铸币总监。1699年，他一跃成为铸币局的局长，开始全身心地投入到整顿货币的法案之中（牛顿不研究物理实在是大材小用了）。后来，牛顿成为皇室成员的座上宾，还被英国女王封了爵位。牛顿在皇家铸币局一干就是几十年，他最大的贡献就是将英格兰由银本位制推向金本位制。1717年，牛顿为黄金制定了价格，是每盎司3英镑17先令10.5便士。1816年，英格兰正式通过了《金本位制度法案》，该法案认可并通过了以黄金为货币本位来发行纸币。不久，英格兰正式采用"金本位制度"，英镑成为英格兰的标准基础货币，并规定1英镑等于7.32238克黄金！踏上"金本位"的英格兰如同插上了一对翅膀，在国际上的地位一路飙升，登上了"日不落帝国"的宝座，而英镑也成为欧洲地区影响力最大的货币。

除了英国，欧美其他国家也开始陆陆续续跟风似的走上了金本位的道路。1873年，以银为本位的法国遭遇了白银价格大跳水，当它看到老邻居英国炒"黄金"炒得很红火，于是开始限制银币的铸造数量，逐渐引入金本位。由于黄金价格持续坚挺，最终法国也开始实行金本位制度。

十九世纪中后期的美国刚刚经历了南北战争的阵痛，迫切需要一场货币变革及时"止损"。因此1873年，美国也开始限制银币铸造数量，以保持国会政府的声誉。但是此举严重损害了南部农场主的利益，并直接导致共和党惨败给农场主一方的民主党……经过无数次波折后，1890年3月14日，美国终于通过了金本位制法案。金本位后的美国经济也开始复苏，资本市场也渐入佳境。除此之外，日本也在十九世纪末走上了金本位的道路。而中国由于长期受制于闭关锁国以及银本位的影响，并未真正走上金本位的道路，痛失了经济腾飞的机遇。

那么，金本位制都有什么特点呢？

首先来说，黄金作为一种易于切割的金属，用于铸币是非常方便的。每一个国家或者地区的铸币局都可以按照一定的分量将其铸造成金币，每一个分量的金币代表着一个价值区域。随着黄金逐渐成为世界性的“国储”物资，它可以自由地输入和输出，也促进了国际金融和货币市场的稳定和统一。由于黄金是一种无限法偿的货币，所以它的“权利”显得无限大！它不仅可以随意铸造，而且还流通自由，任意兑换！由于黄金的稀缺和价值坚挺，以黄金为本位的货币体系是比较稳定的，而金本位制度也是比较稳定的货币制度。

然而任何事物都有正反两面，人类的自私往往会导致天平失衡！那些“大国沙文主义”倾向严重的国家为了取得经济地位，不惜一切“强取豪夺”有限的黄金资源，从而造成了“西边吃香肠，东边喝稀粥”的局面，严重打乱了国际货币体系的平衡。

1913 年，英、法、德、美、俄五国拥有着世界三分之二的黄金储备，几乎令其他国家的货币制度分崩离析。除此之外，这些财富爆棚的国家开始了一个更邪恶的念头——战争！他们打算用战争进一步搜刮为数不多的黄金资源，并将其占为己有，甚至还打起宣扬“殖民文化”的口号，企图让那些弱不禁风的小国言听计从。

1914 年，第一次世界大战开始了！那些有钱且好战的国家纷纷耗费巨资购买武器装备，政府支出剧增，于是开始大量发行银行券。但万万没有想到的是，银行券的发行量严重超出黄金储备，国家和银行信用指数暴跌。另外，战争导致黄金储备严重外流，许多国家和地区货币纷纷采取“碟刹”政策，紧急停止了银行券与黄金之间的自由兑换！由于银行券无法兑换到相应数量的黄金，致使这些国家和地区出现了严重的通货膨胀。

“一战”结束后，人们还没有从战争的迷雾中清醒过来，那些企图在焦土废墟上重建金本位货币体系的银行家们猛然发现：铸金币那条流淌的河流已经形成了堰塞，曾经堪称经典的金本位制度已经无法恢复！

1933年，一场席卷世界的金融危机如同飓风一般从美国西海岸登陆，严重的货币信用危机让那些曾经自信满满的银行家们关上了大门。银行纷纷倒闭，民众大量失业。为了应对金融危机，美联储竟然在一个月内花掉了20%的黄金——于是乎，政府无奈之下收紧闸口，完全停止了黄金的兑换和流通，美国的金本位体系就此崩盘。

欧洲大陆也是如此，金融海啸过后，金本位体系已经成为烫手山芋，没有哪个国家敢冒着“破产”的风险而继续坚持这个已极不稳定的货币政策了！始于黄金而止于黄金的货币政策就这么结束了，留给世人的则是无限的思考……

布雷顿森林体系前期

曾几何时，黄金这一国际货币界耀眼的明星汇聚了多少国家的目光，它的一举一动、举手投足都显得无比熠熠生辉。或许它太过稀缺，甚至连搭建体系的骨架都不够用。因为它，“邻居”们背信弃义，大打出手，荒唐的事一出接着一出。“一战”结束后，那些企图垄断黄金的国家并没有占到什么便宜，反倒是自乱阵脚，货币一路贬值，金融体系面临崩溃。为黄金而生的英镑跌了进去，紧接着是法郎、马克……刚刚经历金融危机的美国此时也在思考，如果不换换脑筋，恐怕也将走上这条不归路。不过旧体系的崩塌也就意味着新体系的建立，那些刚刚走出战争泥潭的国家似乎又准备发动另外一场战争以重新建立“以我为主”的新货币体系。于是，第二次世界大战开始了！

有人说：金融危机的后果就是战争。虽然无法验证这句话的真假，但至少引发“二战”的诱因确实如此。金融危机让野心家们看到，只有扩张才能生存。1922 年，墨索里尼在意大利建立法西斯政权。随后，希特勒也借着金融危机的灰烬迅速发展壮大了代表邪恶势力的纳粹政党，并于 1933 年颁布《国家元首法》，正式走上了军国主义道路，日本亦是如此。

第二次世界大战爆发初期，邪恶的轴心国占了少许便宜，但随着战事延长，军耗几乎摧毁了它们。与此同时，欧洲大陆乃至亚洲被侵略的国家逐渐病入膏肓。战争不仅仅毁掉了无数家园，也掏空了这些国家的财富。有一个国家虽然也经历了战火，但是它远离“二战”主战场，并且趁机大发战争横财。由此，它渐渐从 1933 年的金融危机中走了出来，一跃成为世界第一大国，这个国家就是美国。

1941~1945 年，美国依据《租借法案》向那些饱受“二战”战火摧残的小伙伴们提供了价值逾 500 亿美金的各种物资，致使金本位体系下的同盟国黄金储备大量外流，一时之间，美国的黄金储备几乎占了全世界的 59% 之多。而随着日不落帝国的衰落，大西洋彼岸的美国开始登上了巅峰。

此时，美国人已经不满足于高比例的黄金储备，他们更希望构建一个属于自己的全球货币体系，从而确立全球霸主的地位。就在这时，一个名叫怀特的人出现了。这个怀特是美国财政部的官员，自然也代表着美国的利益。与此同时，英国财政部顾问凯恩斯也从本国利益角度出发，提出了一个名为“国际货币清算同盟计划”。这个计划其实就是一个“捆绑计划”，让债权国和债务国成立一个清算机构发行价值 300 亿美元的“班克尔”（第三种货币）给各成员国进行贸易结算。

实际上，凯恩斯的“鬼胎”是绑架美国，让美国充当新货币体系里的冤大头。这一点当然被怀特一眼看穿！于是怀特提出了一个名为“联合国稳定基金与同盟国家的复兴开发银行计划草案”！乍一听，这两个计划没有什么出入，完全可以一拍即合，但关键在于怀特的计划是建立以美元为基准的货币组织。

在“二战”接近尾声的时候，深陷战争灾难的欧洲大陆早已经元气大伤，似乎再也无力支撑旧货币体系，而凯恩斯的祖国也摇摇欲坠，即将跌入深渊。经过一番“锤子剪刀布”的较量之后，凯恩斯只能率先做出让步，认可了怀特“以美元为基础的货币体系”的计划蓝本。不久之后，《国际货币基金协议》和《国际复兴开发银行协定》正式通过，后者即著名的“布雷顿森林协定”。说白了，“布雷顿森林体系”就是一个强权之下的货币体系，同时也验证了中国人的一句话：有钱就是大爷！

其实从当时来看，凯恩斯的计划确实有些“天方夜谭”。首先，凯恩斯是希望通过该计划推出新的国际货币，按照“二战”前三年的进出口贸易值的平均数量进行计算，英国将是该计划的最大获利者，如此一来，可以继续维持英镑的国际影响力。但是凯恩斯却忽略了一个问题：

英国已经不是那个日不落帝国了，只是一个没落的普通国家而已！让一个失势的没落贵族重新领导国际货币的话语权，这样的计划势必要流产。

怀特的"美元梦"与凯恩斯的"天方夜谭"相比,似乎要更加靠谱一些。怀特认为：美国是当时世界上最大的黄金储备国，黄金又是稳定货币体系的基础，在强调黄金作用的同时，应该想方设法消除外汇管制和资金流动的限制，以便于美国对外进行贸易和资本输出。但是美国作为全球霸主，坚挺的美元似乎比任何一种形式的货币更加有信用，更加有威望。美元作为一种成熟的货币,比凯恩斯幻想出来的"班克尔"更加容易操作。于是，怀特的"美元梦"终于实现了，而美元也成功取代了英镑和黄金，成为新货币体系的根基。

布雷顿森林体系的出现，与其说是一种货币体系格局的改变，倒不如说是美国霸权主义的确立。这样的体系，往往依赖于一个国家的国际地位和信用。而强大的美国、坚挺的美元恰恰为构建这个新体系提供了砖石。事实来看，以美元为中心的布雷顿森林体系也为恢复战后金融体系、促进国际贸易发展、稳定国际汇率做出了积极贡献……但是布雷顿森林体系真的就那么完美无缺吗?

布雷顿森林体系中期

有人常常将美元称为"美金"，言外之意美元就是黄金。布雷顿森林体系形成之后，美元代替了黄金成为全球货币体系的形象代言人，那张印着华盛顿头像的钞票成了人们纷纷追求的东西。起初，坚挺的美元确实如同一剂镇定药让整个世界平稳了下来。战后许多国家靠着美国施舍的“美金”一点一点恢复着元气，而新美元货币体系也运行得十分顺畅，一度让许多银行家沉醉在美元编织的美梦之中。

不过布雷顿森林体系有一个艰巨任务，这个任务就是帮助战后国家恢复到战前水平。起初美国人还是很仗义的，向世界各地挥洒着大量的钞票。在美国的帮助下，欧洲的各个国家、亚洲的日本等走上了快速发展的道路。许多资本大鳄也纷纷走出美国，来到人生地不熟的地方进行疯狂的投资，同时，又将“土特产”大量运抵国内，表面看上去十分繁荣。不仅如此，在冷战时期，美国还承担了对抗苏联的大部分费用，并拉拢日本、欧洲诸国一起对抗苏联。

就在美国的“养狼计划”似乎就要成功时，它竟然又犯了一个致命的错误。1950年，美国在远离故土万里之遥的朝鲜半岛发起了一场战争，但是战争没有朝着它所希望的方向进行……最终朝鲜战争以美国的失败而告终。为此，美国支付了一笔庞大的费用！

与此同时，欧洲大陆以及日本等国在美国的“援助”下开始了高速发展，它们一方面帮助美国遏制苏联；另一方面向美国“偷师”，羽翼渐渐丰满了起来。以日本为例，“二战”结束后，日本国内经济几乎处于瘫痪和停滞状态。在日本投降后，曾经向日本投下两枚原子弹的美国也向其展开了怀抱，帮助日本复兴经济。于是，美国在推动布雷顿森林体系的同时，与日本展开了全方位的合作：第一，给日本钱。说白了，就是美国的银行放款给日本搞建设，以进一步扩大美元的影响力。日本在东亚，而东亚亦是美国扩张的主要地点。给日本钱，让日本在战后快速崛起，也是美国“养狼计划”的一部分。第二，提供技术。在最初，美国人对日本的援助可谓是“保姆”式的，除了给钱还给技术，甚至有种“父子”情结在里面。掌握了技术的日本，除了经济上迅速崛起，同时也成了美国的最大海外代工厂。

但是美国与日本的关系，几乎就是“农夫与蛇”的翻版，日本人借鸡下蛋后的关键目的也是要建立以“日元”为基础的货币体系，后来日本还成为美国最强劲的竞争对手，暂且不提。当然日本由于受“战败国”影响，国际政治地位一直不高，它只有通过大量持有美元储备来代替黄金从而达到稳定国内经济的目的。除了日本，法、德等国也几乎用同样的方式与美国进行着周旋。其他西方国家的崛起不但削弱了美国的市场竞争力，而且大量持有美元储备也致使美国产生了巨大的贸易逆差……事实证明，美元并非黄金！

贸易逆差加剧，美国人也不得不面临一个问题：他们的信誉开始遭受质疑。举个例子：一个富翁过去靠散金控制人头，让这些人称赞他是“大慈善家”。但是这一切都是靠钱来维系，一旦缠上债务纠纷，就会让那群人质疑这个富翁是否还有能力继续维持局面……美国就是这个富翁，当巨额的贸易逆差和债务高墙不断攀升之时，众多国家开始纷纷质疑：布雷顿森林体系到底还能维持多久？许多银行家甚至开始预测：美国除了增发美元货币量，已别无他法。当时连法国总统戴高乐都尖锐地指出：美国人避免贸易赤字的最简单方式就是增发钞票，然后向其他国家获取劳务和商品。洞悉到这一点，这些国家没有在美国的“贼船”上坐以待毙，而是做出一个疯狂举动：大量抛售美元。

用“钱”换成“黄金”，这是最基本的保值手段。当然如果这事变成了一种国家行为，那么就说明现有的“货币体系”有多么地不稳定。

1960 年，世界各地的人们纷纷揣着美元来购买黄金……那一幕恐怕比当今“中国大妈炒黄金”这一幕还来得惊心动魄、荡气回肠！在强有力的购买和拉动下，黄金价格一路飙升，从每盎司 35 美元涨到 41.5 美元。美国的外债开始逐渐高出国内黄金储备，他们似乎也尝到了“欠人钱”的滋味，而美元在遭遇“大量被抛售后”开始大幅度贬值，原本 1 美元 1 个的面包，如今却涨到了 1.5 美元 1 个。购买力下降，消费指数却大幅度提高，连美国人都开始质疑本国总统到底在背后玩什么手段。为了稳定美元汇率，美国人只好召集英、法、德、意、荷、比、瑞七国进行紧急磋商，然后成立了一个“七国黄金总库”，并且签了一个借钱协议，一共借了将近 200 亿美元，如此才缓解了美元的第一次危机。

有了第一次危机，就会有第二次、第三次危机……因为在一个不健全的货币体系中，危机总会像间歇性心脏病一样每隔一段时间就会发作，而且一次比一次严重，直到新货币体系的出现。

1960 年之后，美国人开始启动所谓的“亡羊补牢”计划。肯尼迪总统上台后，提出了一个“支持新边疆”的新政策，旨在推动美国经济的发展。与此同时，美国人又异想天开般地勾画了一幅宇宙蓝图，打算十年内登陆“广寒宫”。然而肯尼迪总统虽然有鸿鹄之志，但是他却遭到枪击，英年早逝。

1963 年，约翰逊总统顶替肯尼迪上任，他继续编织着“美国梦”和“边疆梦”。在最初的一段时间，美国的“阳光政策”和“边疆复兴计划”十分奏效，新工业经历了高速发展，许多人也因此步入了中产阶级。然而就在许多美国人以为“美国梦”将要实现的时候，约翰逊却又犯了一个致命错误：升级越南战争！而这次战争，是否才是引起布雷顿森林体系崩塌的直接诱因呢?

布雷顿森林体系后期

有人说，一个国家的崛起靠的是战争，但是战争又会让一个国家或者一个体系瓦解。“二战”给美国带来了丰厚的军火费，而美国更企图再一次靠战争取得以美元为中心的货币体系。

1950 年，以美国为首的联合国军发动朝鲜战争，以达到其政治目的……但是令美国没有想到的是朝鲜战争不但没有令其获利，反而令其深陷战争、消耗巨大。巨大的军费开支像一个无底洞吞噬着美国的黄金储备，而与黄金储备挂钩的美元也深受其害。但是美国并没有因此吸取教训，反而走上了一条“战争不归路”。

1955 年，美国人来到越南，艾森豪威尔在此建立了一个“亲美政权”，其目的与朝鲜战争相同。起初美国只出弹药不出人，采用“提线木偶”的方式控制着越南战争的走势。俗话说，一切政治都是为经济服务的！言外之意，越南战争的根本目的还是为了“钱”！在经历了 1960 年的第一次美元危机后，美国迫切需要在世界上为美元重树辉煌，于是它再一次举起手中的“大棒”，将越南战争升级。战争虽然升级了，但是战争这个“吸钱机器”却也让美国付出了极大代价。据统计，在越战期间，美国一共死亡五万六千余人，损耗军事开支约 4000 亿美元。战争让美国经济陷入了泥潭，不能自拔，也让美国开始走上一条“超发”货币的不归路。但说到底，美元是与黄金挂钩的，黄金的储备是有限的，超发的美元必然要面临贬值，而以美元为货币基础的布雷顿森林体系必然面临巨大挑战。

美国的“鬼把戏”不可能一直蒙混过关，那些“二战”后崛起的国家更不想把铸币权交给美国，看美国人的脸色。法国总统戴高乐曾暴怒拍案：“我们要用军舰，运美元到美国去，运到纽约，把黄金拿回来……”戴高乐的想法不仅仅是他自己的想法，也代表了许多靠“美元”度日的国家的想法。其实除了暴跳如雷的戴高乐，20 世纪 60 年代的日本也开始感觉到布雷顿森林体系的崩塌有可能在某个时间会如同地震般到来！为了防止金融灾难波及本国，有危机意识的日本人也开始“自保”，并且频频制造舆论讽刺美国的货币体系。

眼看着这些“合作伙伴”开始拆台，美国终于坐不住了！1967 年，美国总统约翰逊再次公开承诺 35 美元兑换 1 盎司黄金，并通过种种途径说服自己的“合作伙伴”们千万不要拆台，还大力宣扬拆台就不是好伙伴这类话。当然这类游戏恐怕只能出现在“过家家”的游戏里，不想被小伙伴们拆台已经变成不太现实的一件事了。

1968 年，危机再次出现。经过又一轮疯狂的“抢黄金”的游戏，美国人有些撑不住了。同年 3 月，美国黄金储备继续疯狂流失，于是，美国人不得不强行关闭黄金交易市场，甚至有官员说：“再这么下去半个月，恐怕美国积攒下来的百年基业将彻底垮塌。”

不久之后，美国又搞了一出“鸿门宴”，在华盛顿举行十国会议，这个会议的目的就是为了减少黄金流失、稳定美元汇率。但是这一年，美国的外汇储备又下降了一半。1971 年，美国又与其他九个小伙伴签了一个《史密森协定》，然后又把美元兑换黄金的比率提高了一些，达到 38 美元兑换 1 盎司黄金——不过这时的美元已经严重缩水！恰如大河之水东流去，美元的时代似乎永远不会再回来……布雷顿森林体系也如同一个孱弱的病人开始进入慢性衰亡期。

表面上看是战争拖了美国的后腿，但实际上许多崛起的国家不愿意遭受美国的控制才是最根本的。这些国家，比如日本、法国、联邦德国等宁可撕破脸皮也要大量购买黄金，也不肯再买美国的账了。

俗话说，乱世黄金！震荡期，大多数人通过购买黄金避免通货膨胀。在那个特殊时期，似乎也是如此！人们不断地购买黄金，与黄金挂钩的美元迅速贬值。1972 年，伦敦黄金交易市场的黄金交易价格翻了接近一倍，交易价格达到 64 美元兑换 1 盎司黄金。美元即将变成一堆废纸，美国已经无法掌控局面了！就连美国总统尼克松也是焦头烂额，先是水门事件，而后又要想办法从越南撤兵……什么首访中国、乒乓外交也没能让布雷顿森林体系起死回生！

1973 年，美元兑换黄金又翻了一倍，如此下去，美元就要分文不值了！美国的黄金储备也由“二战”结束后的 245 亿美元下降到 110 亿美元。屋漏偏逢连夜雨，又是这一年，一场席卷全球的“石油危机”开始了。作为“国家生命线”的原油价格由每桶 3 美元狂涨到每桶 13 美元！这个危机给货币贬值、经济衰退的美国一记致命重拳，让美国彻底放弃了布雷顿森林体系，彻底放弃了美元按照固定汇率兑换黄金的政策。

布雷顿森林体系崩塌了，随之而来的就是新货币体系的建立。但是在刚刚垮塌的废墟上，没有任何一个国家（除美国之外）可以强大到独自建立一个新的货币体系。就在这时，欧洲诸国似乎有了新的思路：他们在“固定汇率制”和“自由流通”的基础上抱团成立“欧洲中央银行”，并将铸币权交给了它，而它所发行的货币就是著名的欧元。这不仅是一项大胆的尝试，同样还是一次伟大的尝试！正是由于这种区域化货币合作新模式的出现，才最终打破了垄断，让国际货币体系真正走上了“三国鼎立”的道路。

货币区域化和美元化时代

世界上没有永恒不变的事物，只有客观变化的事物，货币体系从金本位到布雷顿森林时代也仅仅只有一百多年的历史。以历史的角度去看，似乎没有一个事物是永垂不朽的。货币的功能虽然一致，但是却带有明显的区域性和民族性。你很难想象中国老百姓会拿着美元去超市购物，更加无法想象他们拿着人民币去欧美地区消费……有人说，货币是无法一统江湖的，因为它有着太多的不确定性。而事实证明，布雷顿森林体系破产之后，已经没有任何一种货币可以像黄金那样有魅力了。

货币区域化的理念，并不是现代人提出来的，而是自古以来就存在的。早在春秋战国时期，战国七雄都有各自不同的货币，这些货币就像某一个国家的区域符号，有明显的差异性。后来秦朝一统天下，统一了货币和度量衡，但是又经过数次改朝换代，货币不断演变，直到新中国人民币的出现。布雷顿森林体系后期，美元体系几近崩溃，新的体系必然会在垮塌的废墟上重新建立起来。

1961年，美国哥伦比亚大学教授蒙代尔发表了一篇名为《最优货币区理论》的文章，这篇文章影响力很大，给全球货币区域化提供了启蒙作用。所谓“最优货币区”，简言之就是在一个最优的区域内，支付手段是某种通用货币或者几种货币可以自由兑换，且兑换汇率在一定的监督条件下保持稳定，但是与其他区域的货币兑换汇率有一定浮动。在此之后，有更多的经济学家也参与到区域化货币理论的研究之中，并提出了一些新的见解。

1963年，当代金融发展奠基人罗纳德·麦金农提出一个标准：把经济开放程度作为最优货币区的衡量标准。举个例子：一个村子里的几家农户，每一家都种植不同的作物。区域合作化就类似于农村合作社，要求每一户都以开放的态度积极参加，不要各怀鬼胎。但是这也存在一个很大的问题，因为每一个农户种植经验、种植品种数、种植总量差异巨大，难免会有一些农户有微词。1969年，彼得·凯南又提出“经济高度多样化”的国家是参与区域货币的另一标准，这也给罗纳德·麦金农的理论进行了有力补充。这些不同的标准如同给最优货币区这张“渔网”打补丁，虽然漏洞依然很多，但是对推动“货币区域化”却起到了非常积极的作用。

以欧洲为例，布雷顿森林体系后期，以英、法、德、意为主的经济强国打算摆脱极其不稳定的“美元货币体系”，于是开始积极寻找一种适合自己的货币发展道路。1969年年底，欧共体六个国家在荷兰海牙拟定了“欧洲经济与货币联盟计划”，这个计划其实就是欧洲货币联盟的前身。1970年，卢森堡总统维尔纳正式提出建立欧洲货币联盟，并在1971年的3月份正式通过“维尔纳计划”……这也使欧盟货币组织真正变成了一个有血有肉、有影响力的货币组织。1979年，在法国和联邦德国的积极倡导下，欧洲货币体系终于形成了。不久之后，一个名为“埃居”的新货币诞生了。当然，这个埃居与旧货币体系时期的埃居不同，它是一种欧洲范围内自由流通兑换的货币。随着欧洲各国的高速发展，欧共体逐渐成为仅次于美国的第二大经济体。羽翼丰满的欧盟完全可以与美国分庭抗礼，而“埃居”作为欧元的前身成了屈居美元之后的第二大货币。

1989年，欧共体主席德洛尔提交了一个“实现货币一体化”的计划，要用20年的时间实现以下目标：首先是实现区域内的资本自由流通，紧接着要建立欧洲货币局，最终建立经货联盟，实现区域内单一货币取代成员国货币。

1994年，欧洲货币局如期成立。同年底，马德里首脑会议决定推出一种新货币“欧元”取代“埃居”（埃居不符合历史气息）。1998年，也就是香港回归的第二年，欧洲中央银行正式成立。有了货币发行单位，1999年1月1日，欧元正式出现，这也标志着“欧洲货币区域化”的正式形成。欧洲一体化的出现彻底打破了美元货币体系的垄断地位，而后其他地区纷纷效仿，一些区域化货币组织如雨后春笋般破土而出，如北美自由贸易区、东盟、非洲法郎区等。

虽然地球村出现了许多“小家庭”，但是美国依旧是这个地球村的大家长。现代美元的影响力较布雷顿森林时期有所下滑，不过它依旧是世界上汇率最稳定、流通范围最广、交易最为方便的货币。

20世纪80年代，先后经历了世界石油危机和金融危机的美国慢慢从经济停滞的泥潭里爬了出来，它的复苏也强势拉动着以美元为主的货币体系走出泥潭。与此同时，拉美地区依旧站在经济危机的沼泽之中，这些国家想要摆脱经济危机，就必须找个靠山！

美国为了重振往日雄风，开始在全球寻找“试验田”推广自己的美元化。而这些仍深陷危机的第三世界国家，为了避开金融风险而纷纷选择美元化，充当了美国的试验品。其中一些拉美国家，比如厄瓜多尔、萨尔瓦多等因本国货币没有自己的独立信用，则完全敞开胸怀，直接将美元设定为法定货币。经过“美元化”的春风沐浴，许多国家纷纷走出了经济动乱的阴霾，成为全球美元化的代表。

除此之外，美元还是欧佩克组织的交易货币。石油作为人类最不可缺少的资源，也是用美元进行结算，这也说明美元依旧在世界货币体系中占据主导地位。它似乎无孔不入，没有什么力量可以阻挡……许多新兴市场也纷纷以持有大量的美元作为外汇储备来对抗种种不确定因素。

美元化无疑是布雷顿森林体系的延续，但它又有别于布雷顿森林体系。无论如何，美元化体系还将继续延续下去，甚至还会与“欧元”“人民币”三足鼎立、分庭抗礼，直到“新霸主”一统江湖！

展望未来货币体系

经典金本位体系和布雷顿森林体系的消失，让人们有理由相信未来将会有更新的新体系将货币这一工具发挥到极致，而避免遭受外界因素的干扰。从目前来看，不管是欧元区还是美元区，都或多或少存在这样或那样的缺陷，而这些缺陷依旧存在着被冲击的巨大风险。

除此之外，国与国之间的关系似乎也一改往日那种单纯的“货币”关系，逐渐演变成一种类似全方面战略互助的关系。现在全世界都流行“团队”游戏，这种游戏要求团队里面的每一个成员关系平等、利益分配均衡、所付出的力量可以完全形成合力，而不依赖于某一成员的单打独斗。同样道理，以某个单一国家为货币基础的货币体系，就如同将别人的钱挂在他身上，倘若他中途出现意外，别人的钱也将付诸东流。不难看出，未来货币体系正朝着一个类似超级大家庭的方向发展，而如欧盟这种区域性的尝试，也在为未来货币体系的发展指明方向。

欧盟，从字义上讲，它是一个联盟。但实际上这个联盟的概念由来已久！大概在中世纪，欧洲诸国曾经打算组建一个联盟共同抵抗强大的奥斯曼帝国。当然在当时来看，这个联盟似乎更像是在危险来临前的“抱团”，目的在于不被欺负。然而这个概念一直在欧洲大陆发酵，各国的经济学家也纷纷开始研究一个新的课题：货币联盟！

俗话说得好，三个臭皮匠赛过诸葛亮！一群士兵组成的军队其战斗力远远强于孤胆英雄。在这个团队里，大家可以集思广益；可以相互地自由交换商品以弥补本国的弱势；可以免除国与国之间的关税，而进一步降低商品的流通成本而使经济良性循环……1948 年，荷兰、比利时、卢森堡桃园三结义，成立了一个“关税”联盟。在这个联盟内，三国的商业互通是免税的，这一举措促进了三个国家的快速发展。1965 年，在原“关税联盟”的基础上，德国、法国、意大利也加盟进来，并成立了在世界上影响力极大的“欧共体”。现在，欧盟成员国已经有 27 个，如一艘航母般，不再惧怕海上风暴了。

如果说过去的联盟仅仅是用来抵抗外来侵略者，那么欧盟的意义则更为深远。这种建立在“货币一体化”基础上的联盟，从根本上可以消除战争，而完全组建成一种利益共同体。欧元也不是某个单一国家的货币，它就像民间通过投票选出来的皇帝一样，在所有伙伴的心目中都具有公信力，而不是某一个靠霸权建立起来的信用。通过这种整合，联盟内的强国可以加大自身国家信用的传播力度，而较弱的国家则可以汲取联盟土壤的营养发展壮大自己。欧盟是一个有胆量的尝试，当然它也存在一些不确定的风险，比如较弱的国家有可能通过大量举债发展状大自己而破坏掉大国与小国之间的相互信任从而引发“欧债危机”。

利益大结盟如果是未来货币体系发展方向的话，那么未来货币的概念就跃然纸上了。打个比方，货币好似广袤无垠的海洋，稳定的货币让这个海洋平静如初，而波动极大的货币则会引起巨大风浪，致使那些行驶在海洋上的船只存在倾覆的危险。当然这里提到的是一个大的概念，甚至是一个宏观概念。再举个例子，一个公司如果遭遇到危机，往往首先会考虑到自己的管理环节，如成本控制、人员管理以及大环境等，但是这些环节却不是最“重要”或者最“致命”的，归根结底是货币在里面兴风作浪，如货币贬值。货币体系是一个区域乃至全球的经济晴雨表，体系是否稳定，直接决定体系架构上的建筑是否安稳。正如布雷顿森林体系一样，当美国黄金储备几近被掏空、政府负债率严重影响到美元在货币体系中的稳定和信用，最终的结果必然是导致布雷顿森林体系的崩溃。

除此之外，拥有货币发行权是一个国家和区域能够长期保持银行货币体系稳定的基础。没有货币发行权就如同无法掌握自己的命运一样，处处看别人脸色行事。那些拥有中央银行可以独立发行货币的区域，在构建自己的体系中完全可以起到杠杆作用。以中国为例，央行发行人民币，其币值、发行数量是完全可控的，而且还可以根据世界动向不断调整人民币兑换外汇的汇率，以保持货币的稳定。由此可见，未来的货币体系应该具备以下几个特征。

一、区域化或者联盟化

就目前而言，世界上没有哪一个国家可以强大到以自己的货币为体系中心来平衡全球经济，即使是美国，也无法像“二战”后那样在世界范围内起到举足轻重的作用。区域化或者联盟化将打破这样的“垄断”，在各国的互相监督和推动下，继而完善区域内的货币体系的建设。欧盟或者东盟虽然只是一个试验田，但是却有着非常积极、深远的意义。

二、稳定的币值

一些地区往往受到经济形势的影响而发生通胀或者通缩，如果出现这样的情况，央行一般会通过调整汇率或者增发货币数量来解决问题。但是长此以往，人们会质疑货币发行机构的信用，不断波动的币值也会影响到物资流通和各种交易。有人说，当一种货币体系遭到动摇时，当权者就会将这种危机转嫁到老百姓身上。打个比方，通货膨胀之前人们可以用 3 元钱买一瓶可口可乐，发生通货膨胀之后，买一瓶可口可乐或许要花 20 元钱。稳定的币值不仅可以让体系运行流畅，而且还是降低发生金融危机风险的重要方式！强而有力的监督不仅可以让货币发行机构不会因为“超发”而令货币贬值，而且还会给人民以信心，增加中央银行的信用。

三、顺应规律配置资产

简单来说，就是一个人在不同的时期应该做一些不同的事，这个做法不但要符合逻辑，而且还要合理调整。比如说，明天粮油涨价，而你应该适当在涨价之前备货；明天粮油落价，你应该尽可能地高价卖掉存货，逢低价时候进货……货币也是如此，应该在顺应当前经济波动规律的基础之上进行调整，比如消除债务、增持黄金等。在规律之下配置资产，不仅仅可以规避金融风险，还是保持货币体系弹性的一种方式。

未来的货币体系到底何去何从，现在仍然是一个未知数。但是可以预料的是，新的货币体系一定是稳定的，信用度高的，各国共同参与、监督并且管理的货币体系，但这种体系将以一种怎样的形式出现，这个谜底还要等后人来解开。

|Chapter 3|

货币体系与金融危机

实体经济 VS 虚拟经济

约翰·罗斯金说:“经济并不意味着消费货币,也不意味着节约货币。经济的意义在于经营一个国家,一个家庭!”

经济到底是什么?这个概念可大可小,大到“社会生产总和”,小到“个人家庭”。经济随着人类社会的诞生而出现,是人类智慧的一种体现。经济是人类为满足自我而创造出来的东西,但是它也有“大自然”一样的、非人类可以撼动的规律。经济还是一个模糊的概念,因为人类无法用一个词来涵盖整个人类的社会活动,只能是按照“虚实”来谈,因此经济分为实体经济和虚拟经济。

顾名思义,实体经济一词重点在于“实体”二字。实体就是现实存在的,看得见、摸得着的,它有一定的物质属性,甚至还有一定的精神属性。严格意义上来说,实体经济就是经过注册的生产服务的经济组织,比如能源、机械加工、服装制造等。实体经济在一定程度上就如同现在的“门店”,并且还有注册的生产经营许可证,所经营的项目几乎与衣食住行相关。可以看出,实体经济是一种民生经济,它的好坏直接决定人类的生活质量。

实体经济是一种传统的经济形式,它又有什么特点呢?

一、实体经济提供了人类的基本生活保障

一个人的基本生活内容包括衣、食、住、行、医疗、教育、社交等方面，这一些基础性的经济项目都属于实体经济的范畴。实体经济就是这么平凡而实惠，它的“平凡”在于提供最普通至极的服务，而所谓的“实惠”则是指简单有效地让人得到保障。比如一个人参加某个宴会，他所穿的衣服、乘坐的汽车、购买的礼物，以及一些社交所产生的项目，都是实体经济所生产出来的。再举个例子，某人病发到死亡，由入院治疗到死亡丧葬一系列项目，也都是由实体经济所生产的。可以说，实体经济就像一个保姆，从人类出生到死一直陪伴其左右。

二、实体经济提高了人类的物质精神生活

按照马斯洛的需要层次论，人类需求一共分为五个层次，分别是生理需要、安全需要、情感归属需要、尊重需要及自我实现需要。实体经济在保证人可以吃饱穿暖，并拥有医疗住宿等情况下，也会提供教育、工作和实现梦想的机会。比如学校和培训机构提供教育，公司提供工作、升职或创业实现自我价值等。人类从原始社会衣不遮体、风餐露宿到现代社会衣食无忧、富足安康，其实是实体经济在后面做了助推器。由于源源不断的创新，实体经济带给人们越来越多的可以提高生活品位的选择，并丰富着人类社会。

三、实体经济提高了人类的综合素质

有一个故事，一个孩子小时候被启蒙者发现有音乐天赋，于是他被父母送进了钢琴学校学习钢琴。通过系统学习，孩子的音乐天赋被发掘

出来，并且获奖无数。孩子出名之后，为了进一步提升音乐修养，他通过外语学校强化外语，以获得出国深造的机会……这个故事其实非常普遍，是一个教育改变自己甚至改变世界的故事。而正是实体经济所提供的基础教育或者为开发（间接开发）人类智慧所提供的服务内容，致使人类的综合素质有了质的飞跃。

实体经济的重要性不言而喻，它关系到人的衣食住行、生老病死，在人类经济活动中占据着主导地位。那么看上去与实体经济相反的虚拟经济又是什么呢？难道它仅仅是虚无缥缈的一个概念吗？

其实，虚拟经济与实体经济是相对的，但不是一种完全无形的经济。或者说，它更像是一种工具，而这个工具又会反作用到实体经济上面。从本质上讲，虚拟经济是一套价值系统，这个系统是以资本化定价为特定基础的价格体系。虚拟经济包括证券、股票、期货期权、博彩、收藏等。在现代社会中，作为一种新的经济类型，它不但有效地补充了实体经济的不足，还增添了一些“趣味性”。

虚拟经济既然是“虚拟”的，那么它就有着完全不同于实体经济的特征。

首先来看，以股票、证券为代表的虚拟经济产物有一个很大的特点：高度流动性。

以股票来说，股票大多是在虚拟空间交易，它虽然具有价值，但是却没有形状，没有重量，只是一个流通于网络上的金融交易符号。它操作方便，流动性高，可瞬间完成交易。正因为如此，它的高效性，是实体经济所不能比拟的。

其次，虚拟经济并不像实体经济那么稳定，它具有很大的不确定性。这种不确定性就像打网络游戏爆装备一样，往往取决于游戏设计者的主观设计理念及打游戏者的个人经验……而这些往往受制于个人，与大环境关联不大。

再次，虚拟经济的风险很大。俗话说：胆量小的人开门店，胆量大的人炒股票！虚拟经济往往因受制因素多而缺乏一定规律，从而形成了一种不规律的“波浪”式跳动。比如前几年，许多人看到炒股票赚钱，就纷纷挤进股市。结果，有的人大赚了一笔，有的人赔得倾家荡产。虚拟经济是捉摸不定的，有时候要求参与人员十分专业，并有一定的驾驭能力方能涉入。

除此之外，比如期权期货投资，这一类型的虚拟经济存在很强的投机性。这种投机行为在短时间内可以获得高额回报，尤其是在监管差、市场没成型之前，这种投机行为具有很严重的破坏力。虚拟经济虽然不像实体经济那么稳定，但是随着科技的发展以及市场监管力度的加大，它可以加快货币流通，更加合理有效地分配资源，甚至还可以大幅度降低交易成本，并以“工具”的形式被完全投放到实体经济中。

任何事物都有两面性，经济也是如此。实体经济和虚拟经济仿佛镜子的正反两面，它们既有区别，又相互关联。适度发展虚拟经济，尤其在有序的、减少“人为”因素干扰条件下的市场管理中，虚拟经济还可以提高实体经济的活力。可以预见得到，未来经济发展依旧是实体经济与虚拟经济并存，相互影响，共同延伸！

躲避不及的金融危机

自古以来，人们就用货币购买商品。有了买卖，也就有了经济。随着时代的发展，许多人为了缓解资本压力，开始将一部分风险转嫁到卖家身上，这也就是我们通常所说的“赊账”。所谓赊账，就是靠个人信用来换取部分商品，而这类商品可以不通过货币直接流通到市场上面来。商家与买家产生一种借贷关系，借贷关系的出现，直接改变了“一手交钱一手交货”的原始交易方式。

先讲个故事：2015 年，从事某能源贸易工作的王军，因能源行业持续低迷而面临空前的资金压力。他之前从上游能源企业购买货物采取的是直接现款支付。为了维持公司经营，缓解资金压力，他找到上游，说服了该企业老总为他暂时铺货。这次交易，王军用自己的信用当作“货币”完成了这笔交易……但是问题来了，王军能否安全渡过难关，将所有欠款补上呢？

又过了两个月，王军的能源贸易公司陷入更大危机，公司的资金链断裂面临倒闭。此时的王军已经没有偿还能力，而之前的“信用”也无法充当现金进入补账。这就导致市面上多出一些货物而少了一部分金钱。多出来的这一批货物，如果数量足够多，就会稀释掉市面上的商品价值，而导致通货膨胀……而事实的确如此，多出来的这一批能源，一下子拉低了当地能源的价格，王军的那些同行也为此付出了极大代价！

换句话说，如果信用无法代替货币而直接参与到流通，则通货膨胀是必然结果。通货膨胀是金融危机的一个具体表现，当一个地区大部分“信用”贬值时，金融危机可能就真的来了。

再讲一个故事：几年前，一家乳企为了扩大生产规模，从银行贷款了数亿元，项目建成之后，企业生产量增加了三倍。就在这时，席卷全国的“三聚氰胺”事件来了。

这家乳企受此影响，销售量大减，销售利润下滑，损失惨重……无奈之下，这家企业只能通过降低牛奶成本来达到销售的目的。而此时，奶农的养殖成本却不断攀升，牛奶成本只升不降。乳企的形势一天比一天差，最后甚至连偿还银行贷款的能力都没有了，也就更不可能及时支付奶农的牛奶钱。

奶农原本只是靠乳企生活，但是乳企陷入危机后，牛奶严重过剩，低于成本价都卖不出去。最后，奶农们不得不将牛奶倒掉，血本无归！

这个故事可以联想到著名的“倾倒牛奶”事件，而当时引发这一事件的恰恰是席卷全球的金融危机。从表面上看，牛奶是因为严重过剩而被倾倒，但是破坏“供求关系”的元凶则是货币在市场流通过程中发生的严重滞阻。完全靠“信用”建立起来的供求关系，很容易在市场和利益面前打折扣。也就是说，现代金融危机的发生，虽然有一定的偶然性，但也有一定的必然性。

如今，大多数公司会从银行贷款，然后再把商品赊给所谓的“信用”客户。这种一环扣一环的关系也就给金融危机的发生埋下了伏笔。对银行而言，贷款数额越来越大，贷款的企业也有好有坏，有的可以按时还款，有的则完全还不上。如此一来，银行也会积压越来越多的不良贷款，而这些不良贷款无法通过商品进行流通，当坏账、烂账越来越多，问题就来了——商品大幅度落价或者政府进行强行干预都会使平衡经济的这个杠杆发生倾斜。经济规律被破坏，随即而来就是经济灾难、市场灾难！而这种灾难一旦发生，根本没有躲避的机会，就如同大面积砍伐树木后而突然间爆发的泥石流灾害一样。

俗话说，无奸不商。商人都是贪婪的，银行也是如此。银行家不是慈善家，银行所放出去的每一笔贷款都是为了换取足够大的利益。但是当奸商绑架了银行，银行就只能通过调息、增发债券等手段来维持表面平衡，而这种“平衡”又是靠绑架所有消费者来实现的。或者说，金融危机本就是一场“银行家”与“资本家”制造的阴谋。

当然，金融危机并不是任何人所想见到的，它的出现总是难以预测，但它一旦出现就会像一场瘟疫一样，波及甚广。换句话说，金融危机不仅让银行陷入“信任”危机，而且还会让大量的商人破产，所以人们竭尽所能地想要找到破解方法。但人从诞生之日起就是自私的，用自己的私心支配着欲望，而商人“追金逐利”的本质也不会发生改变，所以从根本上消除或者避免金融危机是毫无可能的。

或许大家还有一个疑问，银行除了贷款给资本家，难道不也贷款给普通老百姓吗？何来“绑架”一说？以银行发行信用卡为例，信用卡就是提前透支信用而转成普通消费。

但是大家不要忘记，以牺牲信用为前提的消费无疑是风险巨大的。因为它无法预料信用卡持卡人的信用指数——当这个人因为不可抗拒因素而无力为自己的信用买单时，就会产生违约。与违约相辅相成的是，银行会索取一笔巨额的违约金。当信用卡持卡人完全失去偿还能力，违约金也就无从谈起。那些有偿还能力的人，虽然可以坚持信用完成每一次还款，但本质则是通过提前消费而弥补之前的生产与消费不均衡而形成的缺口——这无疑是拆东墙补西墙的方式，从根本上无法解决问题。

当然金融危机是一场大的金融灾害，它不仅仅是通货膨胀，而只是通过通货膨胀的现象表现出来，同时还夹杂着货币、债务、银行及次贷等，就如同泥石流里混杂着泥土、石块、树木及雨水，纵横交错、错综复杂。金融危机一旦到来，是无法阻止的，只能想办法进行灾后补救工作了。

现代金融危机案例剖析

危机面前，人人平等！言外之意，危机是由诸多不平等、不对等所引发的。金融危机往往导致金融资产大幅度缩水、股市暴跌、金融机构倒闭，进而导致民众大量失业、货币贬值，甚至出现政治动荡。1998年的亚洲金融风暴就是一次非常典型的金融危机。

我们先来看看1998年亚洲金融风暴到底是怎么一回事。

亚洲金融风暴的爆发地点在东南亚地区，主要集中在泰国、马来西亚、印度尼西亚、菲律宾等国，这些国家在20世纪80年代末到90年代初期，曾发展迅速。但有时“高速”并不一定安全，在某种程度上高速与“脱轨”挂钩。正因如此，表面的繁荣之下，是不成熟的金融体系及各种金融乱象。而这些潜在隐患，正是引发金融危机的重要原因。

20世纪90年代初期，泰国经历了一系列的变革，经济扶摇直上，迅速腾飞。但是泰国依旧是一个产业结构十分单一、劳动密集型企业占据多数的国家。为了提高国际竞争力，泰国大开门户，加大力度引进外资。除此之外，泰国本国产品与周边国家产品同质化严重，市场竞争大，出口额一直呈下降态势。于是，为了弥补日益扩大的贸易逆差，泰国政府不惜高额举债，以弥补缺口。有这样一份数据：1992年，泰国的外债大约有396亿美元，到了1996年，外债增加到930亿美元，增幅超过130%。外债的剧增让泰国的压力倍增，因为只有保持每年15%以上的经济增长率才能抹平外债增长幅度。除此之外，泰国过早实行资本项目开放政策，在市场不成熟的情况下，其资本市场更容易遭到恶意投机的冲击。危机就这样产生了，因为没有哪个国家是可以长期保持15%的经济增长率的。

高度发展令国内经济过热，于是泰国快速进入一个“冷却”期。经济的放缓，也使得偿还外债的能力下降。比方说，某人之前借了1万元钱，按计划分6个月偿还。如果某人的工作收入良好，不但可以正常还款还不会影响到生活质量；但若失业或者收入锐减，不但影响到还款甚至连一日三餐都没有着落。1996年的泰国就面临着这样的问题：要么出台调控政策紧急刹车，要么继续高额举债。

该来的终究还是要来……1997年年初，那些境外投机者风向一转，开始大面积撤资。这种行为就是典型的过河拆桥、釜底抽薪。总之，投机者赚了钱就要跑。泰国政府眼看着即将垮塌的国内金融市场和糟糕的投资环境，只能大量抛售外汇（据统计，1~6 月共抛出 200 亿美元外汇，击退了包括索罗斯在内的国际金融大鳄），以减少资本外流。但事实上，这样做简直是杯水车薪，危机一触即发。随后，泰国政府再发“昏招”，放弃了长期坚持的“固定汇率制”，而选择“浮动汇率制”。此招一出，不但没有稳住货币汇率，相反使得泰铢大幅度贬值，就在当年汇率就下降了 17%。

货币贬值,外债高举,股市也随之震荡,简直就是“屋漏偏逢连夜雨”。那些之前大量购买股票的人，痛苦“割肉”也无法阻挡态势加剧。据说，泰国股市接连数天跌停板，泰国 SET 指数由之前的 1300 点疯狂下降到 800 点。

泰国刚刚掉进陷阱，紧接着就是马来西亚、菲律宾等国。这些国家的故事情节几乎与泰国一样，如同孪生兄弟。那些刚刚从泰国抽出资本的国际资本大鳄此时又瞄准了他们，致使这些“难兄难弟”家的货币大幅度贬值，金融机构纷纷关门。1997 年年底，韩国、日本也被感染了，东南亚金融危机已经演变成为亚洲金融危机……

亚洲金融危机的爆发，其实是一场无形的“货币战争”。而这里，又不得不提全球“美元化”。

前面提到，在 20 世纪 80 年代，许多亚洲国家的货币体系以“美元”建立起来的，它们虽然有自己的货币，也有自己的货币结算方式……但是经济方面却严重依赖于美国。而索罗斯这些资本大鳄，正是借助这种关系发展起来的。于是，这些美国资本大鳄把东亚国家当成了练兵场，按照一定的游戏规则打了一场“货币战争”。

对于这些投机者而言，投机不存在道德问题，而仅仅是游戏的一部分，正如索罗斯所说：“在金融运作方面，说不上有道德还是无道德。金融市场上是不存在道德范畴的，在那里道德根本不存在，正因为它有自我的游戏规则。”事实证明，那些提着美元皮箱的人不是“慈善家”，他们来的目的只有一个：赚钱！他们借助自己的货币优势，在这种货币体系下的区域内展开了一种“投机逐利”的行为。在他们取得巨大的回报的同时，也腐蚀了货币体系下所建立的区域经济，泰国、印度尼西亚、菲律宾等国就是这个游戏的受害者。

短期的投机行为往往被称为犯罪，但是短时间的巨大回报却让这些资本大鳄屡试不爽。他们聚拢巨资以最短的时间炒作本国货币，并从中牟利。据说，这些大鳄手里掌管着超过 5 万亿美元的流动资金，足以摧毁掉依附美元的任何一个国家的经济命脉。换句话说，严重依附其他货币体系的本国金融体系是存在隐患的，因为它很容易被所依附的货币恶意抄底……而“抄底”与“投机”恰恰是资本大鳄最擅长的。

其次，外债的不合理也是引发亚洲金融危机的主要元凶。以泰国为例，泰国因为本国产业结构问题而大力引进外资来丰富自己的产业结构。与此同时，本国的贸易逆差加剧，致使泰国不得不举债过日。当外债严重超过红线，资本大量外流，泰国只能用微不足道的外汇储备救市，但其效果如同飞蛾扑火，泰铢贬值已无法阻挡。

除此之外，还有一些其他因素，比如“摩天大楼”定律。1997 年，就在亚洲金融危机爆发的前夜，马来西亚吉隆坡的“双子塔”一跃成为世界上最高的建筑。这些国家在金融危机爆发之前，疯狂地发展房地产行业。地产泡沫虽然带来了表面的繁荣，但是更多的则是给银行带来更多的不良贷款记录。当这些地产行业无力偿还银行贷款时，则会诞生大量不良记录以及烂尾楼……最终让群众失去投资希望，而那些失去市场的房地产最终将成为银行无法甩掉的包袱！

还有一个重要原因就是以美国为主的国家存在技术垄断，这种垄断直接导致区域内的经济不平衡。以一块电池为例，欧美发达国家生产的电池在蓄电能力、制作工艺等方面远远超出东南亚等发展中国家，而技术方面的垄断和封锁致使发展中国家不仅要付出高昂的专利费，而且在出口方面也遭受种种阻碍。不合理的国际分工以及贸易分配让原本疲软的金融市场雪上加霜，而这些都成为“不可抗拒”的国际因素。

总之，1998 年亚洲金融危机影响之大实乃世界罕见，它不仅让数以百万计的民众失业，更严重的是，原本脆弱的金融体系在此后数年无法建立，当然也给旨在建立亚洲金融新体系的中国以教训和警示……

金融危机的爆发诱因

佛家言，有因必有果，种什么因就必得什么果。因果关系不仅仅是主从关系，更是一种相互、递进的关系。世界上，但凡出现的事物肯定有其诱因，金融危机也是如此，它不可能平白无故地产生，又平白无故地消亡。

有一个人年轻的时候拼命工作，努力赚钱，是家中的顶梁柱。但是突然有一天，他猝死在自己的办公桌前。整个办公室以及他的家庭都笼罩在悲伤之中，而且无法让他家人接受的是：他到底是怎么死的？

从表面上看，这个外表看上去健康的年轻人是不会出现这样的问题的。换句话说，虽然工作压力大，但是社会上却极少出现这种事情。随后不久，根据医生尸检得出结论：该年轻人是因为劳累诱发心脏病而导致的猝死！引起死亡的诱因找到了，竟然是心脏病。

通常情况下，病态是通过表象折射出来，比如消瘦乏力、夜不能寐、气短胸闷，等等。但是更多情况下，隐患是不容易察觉的！只有当病倒或死亡时，往往才意识到问题的严重性，而且也符合事物的传导规律。金融危机亦是如此，它的爆发自然有许多看不到的内在因素。

一、金融体系的不完善

依笔者看来，危机的爆发应该从自身找原因，金融危机的最根本原因还是体系的不完善。金融体系好比一个大楼的主体，大楼是否坚固主要看框架结构是否严格符合建筑力学。许多建筑在建设过程中，为了追求速度和楼层数量，有时候会忽略掉它的稳定性。以亚洲金融危机为例，东南亚国家的货币体系几乎是完全嫁接在“美元”之上的，这种框架不仅仅缺乏根基，而且还有很多人为不确定因素。金融框架的不完善，用其他金融政策去填补，似乎更像是给瘸子穿了一件长袍，徒有其表却无法掩盖其不足。框架结构是什么？是一切事物生长、发展的基础，就好比花盆与花的关系。如果把花栽在鹅卵石上面，根无法扎入土中，必然会被大风轻易拔掉。

金融体系的不完善还会弱化货币体系的作用，货币体系不能在经济发展中起到支持作用，必然会引起本国货币的震荡，比如大幅度贬值。除此之外，不完善的金融体系无法有效对变化莫测的国际金融环境做出准确调整，最终只能苦吞金融危机的恶果。

二、债筑高墙的恶果

举个例子，有一个公司为了发展壮大，除了利用公司的积蓄进行投资外，还要向银行贷款。从银行贷款不仅可以缓解资金压力，而且还可以充实自己的资金链，让其良性运转。而良性运转的建立条件又是下游市场好、产品有竞争力等。倘若市场不好、产品竞争力下降，盈利水平不足以偿还银行贷款时，问题就出现了。

为了偿还贷款，这个公司无奈之下，先是调整了薪资结构，降低了员工收入；随之又想尽办法在生产环节节支，像许多公司那样采取“以次充好”的方式；接下来就是大幅度降低产品价格，套现……如果此时银行能给予政策和时间鼓励、帮助该公司，那么这个公司还有喘息、调整的机会；倘若银行要加强贷款回收力度，那么这个公司就会面临资金链断裂、甚至倒闭的境地。

金融危机爆发之前，许多国家为了快速发展，往往会举全国之力借债。当然这种不是简单的“借鸡下蛋”，而是有非常大的债务风险。贷方往往不是慈善机构，它会通过这种方式控制借债国的经济命脉。换句话说，贷方类似吸血鬼！当债筑高墙、无力偿还时，债务就会像“泥石流”一般严重阻碍到一个国家的经济发展，甚至是会破坏掉一个国家已构建的金融环境。亚洲金融危机中的泰国，正是因为高举外债发展自己，当遭遇金融业震荡、经济放缓，大量外汇外流时，它只能用有限的财力救市，其结果可想而知。

三、监管不力或者人为因素

过去常说，防患于未然！一个事故是否会发生，监督、监管是十分有必要的。想起一个抗洪期间的名词：管涌。在洪涝灾害时，出现管涌是很常见的事情，如果及时发现、及时堵住，就不会让管涌出口越来越大，也就不会导致溃坝。而那些爆发金融危机的地区，就如同洪水导致溃坝一般，缺乏监管而导致“金融管涌”越来越大。当这种管涌发展到一定地步，人为干预已无法达到效果。比如银行业在缺乏监管的情况下无序放款，当坏账烂账积累到一定数量，就会导致整个银行乃至金融系统的崩溃。

许多事情是人为因素造成的。比如有些人利用金融漏洞疯狂抄底、洗钱，从孱弱的金融构架内谋求暴利。这些既得利益者往往变本加厉，无视游戏规则，通过暗箱操作实现资源分配、金融控制。有些人还通过这些手段做空股市，引发整个金融行业的震荡……当然这仅仅是一个因素，而多个因素的累加就会导致更严重的后果。

四、美元全球化引发金融危机

美元全球化是“二战”后通过布雷顿森林体系逐渐建立起来的，虽然布雷顿森林体系早已不复存在，但是美元化依旧是影响力最大的货币体系。许多国家采取以美元作为外汇储备调节国内金融市场，但是这样一来总有一只无形的手“牵扯其间”，而缺乏独立自主性。在这种情况下，美联储在调整美元利率时只会顾及本国利益而无法保护到与美元挂钩的其他国家利益。

说白了，美元化就是将许多国家和地区的利益捆绑在一根麻绳上，当美国的国家利益被触动，任何一个国家也摆脱不了震荡的命运。除此之外，美国金融大鳄常常利用这一点对许多国家和地区进行短期投机以谋取巨额暴利，而这些做法常常让这些国家苦不堪言……也就是说，不管美元是震荡还是贬值，这些国家都要为此买单。当美国经济陷入低潮，美元大幅贬值时，金融危机就会呈网络状在整个美元化国家蔓延。

当然引发金融危机的诱因还有许多，而危机的爆发往往是久积成病的结果。现今世界，许多国家的货币体系并没有健全，往往过于依赖外部因素，比如举债、比如调整汇率等，当这个区域或国家内部出现严重的漏洞，而世界货币体系也恰巧出现动荡之时，难免就会诱发金融危机！

金融危机的爆发规律

万事万物，都有其客观规律。金融危机也是如此，当它爆发之后，它会以相同或者相近的方式在金融环境下传播。有的时候它像一种瘟疫，但是这种瘟疫在每一次爆发前都会有相似之处……

我们可以看到 1998 年亚洲金融危机和 2008 年美国次贷危机有一个共同的特点：债务－通缩。债务通货紧缩理论是美国经济学家欧文·费雪在 1932 年提出来的。他在自己的书《繁荣与萧条》中这样解释：债务和通货紧缩是大萧条中的两个变量，这两个变量就类似于二元一次方程中的 X 和 Y，而其他影响方程式结果的还有利率、流通货币、货币流通速度、信用度等，当 X 或 Y 与其中一个结合，那么就会对结果产生影响。

之前我们提到过，危机爆发前夜总会有债务缠身。摆脱不了的债务总是会让其中一方以谨慎的态度进行债务“清偿”，这就逼迫债墙高筑的一方以极其低廉的价格或者采取其他非常规手段进行出售，于是就造成一系列严重问题，以至于货币流通放缓、利率上下波动、投资者失去投资信心、整个金融行业陷入瘫痪。

1996 年，经济学家沃夫森又在欧文·费雪的理论基础上进一步加以阐述，他认为银行在债务危机中起到了帮凶作用，因为在债筑高墙下，银行所采取的“收缩信贷”的政策无疑是火上浇油。那些本来还有一丝喘息机会的国家和地区，在银行的“逼债”下最终走上了“廉价变卖家产”的道路。

以亚洲金融危机为例，1997 年，国际金融机构再次向泰国提供了约 150 亿美元的贷款，而这笔贷款总数接近泰国年 GDP 的五分之一。然而这些财团的目的仅仅是为了短期投机获利，一边是他们在外汇市场上疯狂抛售；另一边则是泰国政府开动箱底儿补仓维稳。与此同时，泰国的中央银行为了应对这个局面，要求金融机构提高坏账准备金的比率，结果导致金融系统的备付金大大超出预算。银行信用受损，直接导致投资者失去投资兴趣，他们开始大量抛售股票，致使股市连续跌停。

股市是一个国家的经济风向标，当这个风向标发生变化，国家的金融经济也将随之发生动荡。预见到金融风暴即将到来，那些给泰国提供贷款的境外银行和金融寡头纷纷撤资，泰国的债则因此再也还不清。无奈之下，泰国将固定汇率改为浮动汇率，泰铢大幅度贬值。泰国央行只能强行采取“紧缩”，最终导致大量公司倒闭。

2008 年美国次贷危机的爆发也是如此。

经历了亚洲金融危机的美国，原本应吸取教训，结果也犯了同样的错误。随着互联网的开发与应用，金融逐渐由线下走到线上，这就促使互联网金融进入高速发展时期。2001~2003 年，为了防止互联网泡沫破裂而造成的经济衰退，美联储大幅度降低了联邦基金利率。低廉的资金成本让信贷业开始疯狂扩张，随之而来的则是众人纷纷通过住房抵押贷款，或者购买“抵押贷款证券”，比如 MBS、CDS 等。因为利率极低，所以人们不担心投资会出什么差池。

但是问题慢慢浮现了——在宽松的政策下，银行和金融部门放出去的债越来越多，使得金融系统的杠杆率（是衡量一个金融机构的负债风险指标）快速飙升。在这种情况下，美联储坐不住了，它开始实施加息通缩，甚至连续加息数次。2004 年，美国经济开始减速，那些靠住房抵押贷款以实现超前消费的人猛然发现：投资换来的利润已经不够偿还银行利率了……于是他们做出一个大胆的决定：直接将房子甩给银行！

类似这样的违约数不胜数，并逐渐成为一种普遍的社会现象。但拿着房本的银行或金融机构也不是“房产中介”啊，况且 2004 年之后的美国楼市一片低迷，这些房子无法变现只能烂在手里。债台高筑的金融银行业已经风声鹤唳，而美联储持续的“通缩”更让它们“逼良为娼”！就这样在 2008 年，美国爆发了次贷危机，道琼斯指数在短短的一年半时间内缩水一半。

除了债务，还有一个因素需要考虑：汇率。汇率分为固定汇率和浮动汇率。通常状况下，汇率并不是一成不变的，而是有一个波动值。那些贸易逆差大的国家，汇率对其有明显的影响。

比如亚洲金融危机时期的泰国，资本流出量远远超出资本流入量，于是就留下一笔巨额赤字。当偿还能力无法弥补赤字时，只能通过改变汇率进行调整。泰国选择将固定汇率改为浮动汇率，但这直接导致泰铢在短时间内迅速贬值。当汇率这个杠杆失效了，整个国内金融行业会随之崩溃。那么这其中的规律又是什么呢？简单来说就是：巨额贸易赤字—汇率波动—货币贬值—股市暴跌—金融危机。

爆发金融危机的规律不仅仅只有这些，房地产释放的信号在某种程度上也能很明显地反映出来。

每一次金融危机爆发前，都会掺杂着房地产的泡沫。举个例子，亚洲金融危机爆发之前，东南亚许多国家的房地产行业一直高速发展，当高速发展产生的“泡沫”越来越多时，就会造成经济繁荣假象。房地产绑架银行，银行加大力度提供贷款……结果地产达到饱和，销售量开始严重下滑，问题就来了。卖不掉的房子使地产企业无法偿还银行债务，而地产与银行之前的信用被彻底打破。被绑架的银行只能强力通缩或者回收债务减少损失，最后房价大幅度回落，地产业破产，而地产行业往往在这些国家的所有行业中起主导作用，俗话说：城门失火，殃及池鱼。垮塌的地产必然引发严重危机！

总的来说，金融危机有着其独特的规律，这些规律可以给各个国家提供思考的方向。只有掌握了这些规律，运用一定的手段未雨绸缪，才可以最大程度地延缓金融危机的到来……

金融危机的社会灾害

有人说，金融危机不仅仅是一场危机，更是一场灾难。只有当你亲身经历之后，你才会发现那真是一场看不到、摸不着的浩劫。

说到危机，应该是危险与机遇并存，但这里总指的是灾害，机则更像是“投机”。在一场金融危机中，受到影响最大的就是投机者，一种像索罗斯这类国际投机者，吃透金融市场，像一只老狐狸那样进出自由，只为在短时间内谋取暴利；还有一种就是普通民众，他们只是抱着平凡无奇的“投机”心理，结果却葬身茫茫无际的金融风暴中……那么金融危机到底有怎样的具体危害呢？

一、实体经济的严重萎缩

金融危机看似只在“金融圈”兴风作浪，实则波及范围巨大。以美国次贷危机为例，美国爆发次贷危机之后，美联储实施强力通缩政策，直接导致了靠银行融资等渠道生存的制造业资金紧张。美国三大汽车巨头，已然是巨无霸级别的公司，但是依旧面临破产的危险，更别说那些小制造公司了，无疑更是难上加难。亚洲金融危机中的泰国，实体经济所遭毁损最大。许多工厂停产，民众失业；稍微大一点的公司因为无法偿还银行债务而面临被“清算”。作为一个国家民生主体的实体经济，遭受了前所未有的冲击。美国三大汽车公司因受次贷危机的严重影响，销售量大幅度下滑，研发速度减缓，被许多欧洲汽车公司借机超越。与此同时，与汽车公司有合作关系的客户或供货商更是惨不忍睹。曾经有一名汽车制造企业员工这样说道：“每日工作仅仅是将机械手臂擦拭得更加漂亮！”失去实体经济的强力支撑，最终受到冲击的就是民众。

二、银行的紧缩政策割断了企业的喉咙

俗话说：山雨欲来风满楼。“山雨”就是金融风暴，而带来的响声和震荡则是无休止的危害。银行作为金融中最重要一环，好似前排的“哨兵”。按理说，金融风暴来临之前，银行应该制订好合理的减震计划，延缓金融风暴对其他行业的冲击。事实上，在金融风暴前，银行不但没有成为“桥头堡”，反而成了临阵退缩最快的那一个。

一个从事化工生产的企业，为了与上游的世界五百强企业合作，正如火如荼地扩建生产规模时，没想到却迎来了金融危机。金融危机对实体经济的冲击，直接导致该化工企业利润下滑。原本投建的项目是依靠银行贷款，然而金融风暴让贷款银行作出一个举动：停止贷款，并提高了老贷款的回收力度。本来正在扩建的化工企业因为没有建设资金，只能半路停摆。不仅如此，为了偿还银行债务，该化工企业只能低于成本价格销售下游产品，致使这个未来的明星企业资金链断裂，面临破产。如果站在银行的角度上看，或许在风暴来临时它所选择的举措仅仅是为了“自保”，但是对这些凭借信用贷款发展的公司来说，则是被推上了断头台。

银行通过收缩回笼了资金，避开了风险，但是随后的做法却谨小慎微：仅仅将其中的一部分钱继续用于房贷——这些做法虽然在一定程度上缓解了次贷所造成的影响，但是其信用却开始饱受社会质疑！

三、新型“投机”产品所引发的犯罪

金融危机有时候却是投机者的温床，这些靠“灾难”发财的人是罪大恶极的。通常来说，每一次金融危机都会带来货币贬值、大量失业、通货膨胀等危害，陷在漩涡中的人们往往希望通过某一个理财产品保住自己的老本。于是，罪恶就这样在一部分投机分子的脑子里成型了。他们打着“理财渡难关”的幌子推出各种投机理财产品，然而这些产品大多属于骗局。据统计，在金融危机期间，投机引发的诈骗案远远超出往年。除此之外，许多公司为了聚拢资金也开始走上歪门邪道……由此可见，金融危机让许多投机分子钻了空子，甚至为了钱不顾一切地触及法律底线。

四、经济衰退导致失业率剧增

失业率其实是一种经济发展的反向关系，一个地区的失业率的高低直接反映出这个地区的经济状况。失业率也是经济疲软的一个信号，当失业率越来越高，则表明该地区经济开始走下坡路。以美国次贷危机为例，2008 年，美国的失业率高达 6.7%，这就意味着整个美国有 1033 万人成为失业者。金融危机使大量民众失业，而大量的失业人员又带来种种不安定因素：一方面，政府为了安抚失业者要支付一笔庞大的失业救济金；另一方面，失业人员在没有物质保障的情况下容易滋生犯罪。

五、货币体系开始动摇

历史说明，几乎每一次金融危机都会有一个货币体系面临动荡，甚至完全垮塌。“一战”之后，欧美国家经过一段平稳发展时期后到了瓶颈期，即爆发了世界性的金融危机。以经典黄金本位为体系的欧洲，汇率出现大幅震荡，有限的黄金储备已经无法承担体系带来的压力。经过这次金融危机后，经典金本位时期基本结束，而后进入以美元为主的布雷顿森林体系。“二战”后初期，美国如同中世纪“文艺复兴”一般，乘着东风快速崛起。但好景不长，美国因为饱受战争之苦，黄金储备严重下滑，最终引发金融危机。而这场由“中东石油”引发的金融危机不仅摧毁了美国人精心编制的布雷顿森林体系，也让世界货币体系走向了区域化……震荡的货币体系如同藏匿在身体里的病毒，当它震荡、挣扎时，躯体也要饱受疾病带来的痛苦。追溯这场金融危机的根源，亦是不稳定的货币体系所造成的。

当然金融危机带来的灾难远不止以上五点，它如同一场瘟疫，不仅会摧毁一个人、一个家庭，甚至还会摧毁一个体系、一个国家。它的危害是全方位的、立体的，只有找到“克敌制胜”的方法才是避免金融灾难的关键所在。

如何应对金融危机

金融危机的确是一场浩劫，但它也给人类提供了一次查缺补漏的机会。虽然它的爆发有一定的规律，但总归还是由人所创造出来的。换句话说：既然为你所造，就应该为你所用。金融危机虽然来势汹汹，但是也有应对的方式、方法。

以亚洲金融危机为例，严重依赖外汇、高举外债发展本国经济的东南亚国家给我们的启示是：只有健全本国货币体系，减少贸易逆差才是应对金融危机的重要方式。

打个比方，某人做生意没有钱，然后就选择借钱做生意，生意越做越大，所产生的流动资金也就越来越多。但在这种经商本能下，反反复复去借钱，不断借鸡下蛋，积攒的“债务”也就像滚雪球那样越来越大。倘若生意一直不错，赚来的钱用来偿还一部分债务和利息；倘若生意不好，就没有钱来偿还了。如果贷方同样也遭遇到变故，势必要让借方提前还款或者加息。泰国就是这种状况，举债发展，但是债务数额严重超出其偿还能力。换句话说，如果泰国一直将债务控制在合理范围内，就不会如此被动。

本国的金融体系不健全，通常只能依赖外部力量。亚洲金融危机中的国家，清一色都是完全依赖美元外汇的国家。这种完全意义上的“嫁接”很难有再生能力，或者抵抗风暴的能力。只有健全自己的金融体系，加强监管力度，防止境外投机抄底，或者做空股市，才能从根源上减少金融危机的冲击。

一、加强区域合作是应对金融危机的主要方式

独木难支，唯有大桥才可通行。也就是说，一个人的力量是有限的，只有当大家加强合作、拧成一股绳，才能有“众人拾柴火焰高”的风景。金融危机期间，许多地区与地区，国家与国家之间各自为政，彼此之间没有任何沟通与合作。如今，金融区域化或者一体化的游戏规则就是：团队。形成一个团队，就如同几只小船合成一艘航母，这样才有乘风破浪的能力。

2007 年次贷危机发生之后，政府为了缓解危机带来的压力，做出了一个“国际金融合作”的决议。2008 年年底，美联储与多国央行沟通合作，以同步降息的方式扩大临时货币的互换，在共同利益的驱使下，美元扩大了流通范围，增加了流通量。“大动脉”终于疏通了，好比给脑梗塞患者通开了血栓……美国借助国际合作渐渐从危机中走了出来。既然美国这样的超级大国都会选择“抱团”，那么其他国家更应该选择这种方式进行应对。

二、减免税费，为企业融资提供便利的渠道

一个巨大的金融框架，一般是由银行和各种企业构建的。如果说央行是司令部，企业就是司令部下面的军队和士兵。但有时候因“战火”

过于猛烈，司令部为了保全自己就会舍弃下面的军队。但事实证明，这种“弃卒保车”的做法根本不是应对金融危机的好办法。简言之，士兵都已经阵亡，司令靠什么重整山河呢？

金融危机除了重创金融中枢，对末梢的破坏则是更具毁灭性的。一个国家和地区，在危机之下，更要通过调整策略以保全金融体系里每一颗“螺丝钉”，这些螺丝钉就是银行下游的各种企业。具体做法如下：

首先，应该减免税费，为企业减轻负担。在严峻的金融危机环境下，大多数企业都处于“朝不保夕”的状态，高税率不仅给企业戴上枷锁，而且还会令它们完全陷入泥潭。尤其是针对小微企业来说，减免税收不仅可以提高其生产积极性，还可以减少失业率。而对个人税费的减免，比如提高个人所得税的起征点和适当减少个人所得税比例，尤其在金融危机爆发时，可以给民众以物质保障，从而顺利渡过金融危机的寒冬。

其次，为企业融资提供便利。

某地区遭受寒潮袭击，结果输电线路被大面积破坏，民众财物损失严重（比如牛羊牲畜被冻死）。在这种情况下，相关部门开始为灾区安置帐篷、救灾物资，因为只有民众在寒潮后恢复意志，整个地区才能逐渐回归正常。

锦上添花不算美，雪中送炭才算真！言外之意，企业就像这些受灾的民众，是支撑地区经济金融命脉的主要力量！如果能够为企业解决一部分周转资金，那么这个企业就有可能挺过来；反之则可能会破产，大量人员失业。有数据表明，美国发生次贷危机后，许多欧洲国家做出了紧急调整，其中：英国出台银行政策，提供100亿英镑的运营资金盘活了拥有200亿贷款的中小企业；法国则直接下发114亿欧元对陷入泥潭的中小企业进行资金支持。只有保证各类企业健康发展，才是稳定金融货币体系的关键所在，同样也是应对金融危机的最“人道”方式。

三、保护国内市场，大力发展高新产业

金融海啸常常会对国内市场造成严重破坏，这就应该拟定相关保护政策以提前进行应对。以美国次贷危机为例，1998年，美国为了保护国内市场，推出了一系列新标准，即凡进口的相关消费品达不到新标准，美国将直接销毁该消费品或拒绝其引入。这一政策虽然与全球自由贸易相违背，但是对复苏国内相关受损行业起到了至关重要的作用。除此之外，有些国家为了保护国内市场而采取提高关税的做法，其根本目的也是为了保护国内受损企业，使其赢得复苏时间。

大力发展高新产业，提高产业的全球竞争力，也是一种应对金融危机的方式。高新产业是朝阳行业，它代表着新技术革命被广泛应用。每一次技术革命不仅推动了人类社会的发展，还改变了世界金融格局。大力发展高新产业，优化产业结构，提高地区核心竞争力，可以有效避免金融风暴的冲击。

除此之外，加强资金使用的监管力度，注重宏观调控与金融政策相结合，加大政府对教科文卫等基础建设的投入、培养高科技人才，以及搞活消费信贷和促进商品流动等，这些也是应对金融危机的一些有效方式……相信下次金融危机来临，各国还会有更多的策略去应对。

虚拟货币：金融危机 or 金融革命？

在现行货币体系下，不管是超级大国还是孱弱小国，金融危机是无法消除的，它可能就潜伏在你的身边，稍有变化便会以“风暴”的方式袭来。尽管各个地区都有不同的应对策略，但依旧是会遭受到它的冲击。随着科技的发展，人们对金融危机的认识和看法也在逐渐发生着改变，除此之外，货币形式也悄然发生着变化。那么，虚拟货币的出现是否会引发一场金融革命呢？

首先，我们要了解一下虚拟货币的现状。虚拟货币借由网络而出现，它几乎成了人们游戏、社交、购物的主要付款方式之一。在虚拟交易中，虚拟货币与现实货币一样，都具备充当一般等价物的功能。目前来看，虚拟货币的发行量还在日益增加，其经济价值和社会价值已经得到了广泛认可。可以说，如今已经进入虚拟社会，而在虚拟社会下，虚拟货币被广泛应用是大势所趋。

举个例子，腾讯公司是中国互联网的知名品牌，在中国具有极大的影响力。腾讯公司最早研发的QQ聊天软件在中国拥有数亿用户，他们通过QQ进行虚拟社交，而这种社交方式几乎成为目前世界上最主流的社交方式。QQ聊天软件为了进一步满足用户更高级别的社交、娱乐等需求，还开发了许多游戏和特殊功能。用户可以通过购买Q币升级钻石会员等方式换取相关服务。Q币是什么呢？其实Q币就是一种互联网虚拟货币，它是基于QQ社交平台而出现的。人们可以用Q币购买腾讯公司的服务。换句话说，Q币也是钱，只不过看不见摸不着罢了。除了腾讯公司，许多在线游戏服务商也是通过游戏币进行交易。

QQ聊天软件虽然只是一个普通社交软件，但是它提供的“虚拟社区”如同真实社会一般，也有着自己的金融体系。腾讯公司通过发行Q币，将虚拟社区里的各种资源整合在一起。人们可以在虚拟社区里聊天、玩游戏、做生意等，还可以通过一些方式免费获取Q币，然后将Q币交易出去，以换取现实中的人民币……在某种程度上来说，Q币与人民币之间可以自由兑换！当然Q币的使用范围很有限，仅局限于腾讯或者与腾讯有合作的相关平台。不难发现，如今各种虚拟货币、游戏币层出不穷，它已经在人类生活中起到了重要作用。虚拟货币不仅丰富了人类的生活，而且还有自己的“经济生态圈”，可以使人类在虚拟社会中获取财富。

再讲一个故事，我的一个朋友曾经是一名狂热的游戏迷，他不仅游戏打得好，而且还通过游戏赚了不少钱，现在成了一名职业游戏人。他通过打游戏，获得高属性的游戏装备，然后出售游戏装备换取游戏点卡，而游戏点卡又可以直接折现。

现实中像他这样的职业游戏玩家不计其数，游戏中的交易其实就是现实中两个对等的人在交易。虚拟货币的影响力并不局限于网络游戏，而是充满社会的各个角落。随着微信钱包、支付宝钱包等虚拟钱包的出现，人们可以直接用手机购买到自己想要买的东西，虚拟货币似乎完全成了一种货币符号!

但值得思考的是，当虚拟货币的种类越来越多，发行数量和价值等于或者超出现实货币时，会不会引发一系列的社会问题呢?

任何事物都存在两面性，虚拟货币亦是如此。它是一种科技的产物，并且为人们社交、服务等提供了简单而方便的解决方案；它的流通速度十分迅捷，流通范围也在一步一步扩大，并且逐渐成为现实社会与虚拟社会的桥梁。但是它依旧存在许多“人为缺陷”，这些缺陷会造成一定的风险，比如，难以控制发行的数量。

随着人们对虚拟货币价值的认定，虚拟货币的开发者借此加大其发行数量，从而获得大量财富。但是虚拟货币与现实货币之间亦有着相似之处，一旦超发，势必影响其价值。通常人们用虚拟货币购买虚拟社区的服务，而这类东西却很难用具体的价值来衡量。换句话说，超发的虚拟货币可能会引发泡沫，但是这样的泡沫与现实社会所产生的泡沫又有所不同。虚拟货币到底价值几何，因缺少参照物是无法被估算出来的。但是虚拟货币的发行属于网络公司或组织自发性的，缺少相关机构监管，所以其发行数量不可控制，而大量购买虚拟货币就会存在很大的贬值风险。

其次，虚拟货币作为一种货币形式也有参与到“货币体系”的建设，但是因其不可控的变数，有可能引发“货币体系”的不稳定。

除此之外，虚拟货币所参与的交易，是不用交税的，当然这也会造成两个风险：其一，可以给恶意偷漏税者提供便利条件，通过用虚拟货币进行交易进而避税；其二，弱化了政府征税的能力，与此同时也削弱了政府的相关职能和服务质量。

虚拟货币最大的风险就在于缺乏监管的情况下会引发金融犯罪。举个例子，现在互联网有许多关于投资理财的网站。人们为了保值增值，往往会选择回报率高的理财投资方式——购买虚拟货币或者虚拟黄金。但是这种虚拟理财方式风险极大，当现金吸引到一定的数量，许多虚拟货币制造者会选择“撤盘”，卷着大量现金逃跑了！这样的案子比比皆是，所以虚拟货币只有纳入公共管理后才有足够的可控性。

虽然虚拟货币存在诸多弊端，或许在未来某一天也会引发金融危机，但是现在看来，它的威力还远远达不到引发危机的地步。作为一种科技产品，一种未来的货币形式，它的出现是一次革命性的飞跃。虚拟货币不仅仅是一种货币，更是一套数字支付系统。这套数字支付系统不仅可以实现跨地区同步交易，还可以被加密，且操作安全、快速、交易成本低廉，甚至还可以与数字价值转移系统无缝对接。

如果我们还在用旧眼光看待这个新兴事物的话，无疑会陷入“经验主义”和“保守主义”的怪圈。若以发展的思路去看待它，或许虚拟货币可以完全脱掉“虚拟”的帽子，进而代替纸币发挥其不可替代的价值功能。

PART 2

未来货币

| Chapter 4 |

互联网时代，新型货币来袭

泛化的信用货币时代

松下幸之助说："信用既是无形的力量，也是无形的财富！"现代社会，"信用"恐怕是被提及最多的词语，什么"诚实守信""货真价实"等词语都是用来形容信用的。信用不仅仅是一个名词，它还是一种契约，是人与人之间、单位与单位之间的一种自愿、平等、相互信任的关系。"言必信、行必果"就是讲的信用。整个人类社会的进步都离不开信用，如果没有信用，恐怕人类也不会走到今天这一步。

从某种意义上说，货币也是一种"信用"标志。人们用货币进行平等、自由的交易，双方通过交易得到各自所需；银行靠信用发行货币，控制货币的发行数量，从而防止货币贬值；区域货币靠信用构建货币体系，继而靠信用保持货币体系的长期稳定。

刘先生是一家公司的老板，经济情况还算不错。有一次，刘先生的同学周某向刘先生借钱，然后刘先生就依照承诺借钱给周某，但是并未让周某打借条。

于是问题出现了，到了口头约定的还款时间，周某并未向刘先生还款。刘先生起初认为周某可能资金紧张一时周转不开，所以也就没有催促……又过了一段时间，刘先生问周某："什么时候还钱？"结果周某以各种理由拒绝还款。

刘先生无奈之下只好向法院起诉！虽然这笔钱最终被追了回来，但却反映出借贷双方之间的信用问题，一旦信用被打破，借贷双方的关系也就随之终止，换来的则是一场“官司”！

信用货币也是以“信用”为基础，通过信用发行程序而创造并发行的货币。当然这种货币是一种代用货币，它不同于金属货币或者纸币。换句话说，它只是在黄金储备不足的情况下以信用顶替黄金的价值单位，旨在交易过程中行使货币权。当然信用货币是在布雷顿森林体系和牙买加体系基础上逐步发展起来的，它出现的最初目的并不是讲“信用”，而是为了切断黄金与纸币之间的自由兑换，完全是一场世界范围内的金融游戏。

信用货币的出现，并非毫无意义。在旧黄金本位体系下，任何一次调控都必须动用足够多的黄金储备。当黄金数量有限，起不到调控作用时，应对金融危机的能力就变得十分有限。但是信用货币不同，信用货币靠信用顶替了一部分黄金储备，这就为缓解黄金消耗赢得了时间，同时也给调控增加了弹性。相反，如果信用货币一旦失去了“信用”，那么信用货币就一文不值，从而引发“信用危机”。事物都有两面性，适度发行信用货币依旧是大势所趋。

再回到信用货币的历史！“二战”结束后，大多数国家和地区因战争致使本国黄金储备不足，对经济难以起到调控作用，信用货币的出现是一件相当应急的事，不能说是雪中送炭但也算解了燃眉之急。与此同时，还出现了类似于支票的信用货币。这种形式的信用货币不能直接用来购买东西，它仅仅是将价值数额记在上面，有点类似中国古代的“银票”。当提款人需要现金的时候，便可以拿着这张单据去银行提取。据统计，“二战”结束后，欧美国家发行的信用货币几乎占货币供应总量的90%。信用货币在流通方面十分便利，再也不需要提着一大包现金走街串巷了。

信用货币种类有很多，除了前面介绍的支票外，还有以下几种形式的信用货币。

期票：因为带着一个“期”字，时效性是这种信用货币的最大特色。这种期票常常在大宗交易中被应用，买方凭借期票去卖方购买相应物资，卖方则可以拿着期票在到期之后去银行支取现金。最常见的期票是承兑汇票，所谓“承兑”就是“承诺兑现”的意思。对于那些急用钱、但是手里的承兑汇票未到期的人而言，还可以通过贴息等方式从银行支取现金。

银行券：银行券是当下市面上流行最广的信用货币，人们可以自由地从银行部门购买这种银行券。银行券通常有固定面额，但是无契约时间。它直接由银行担保发行，并且与黄金储备挂钩，人们可以手持银行券在任何时候自由兑换钞票。看上去银行券确实很讲“信用”，但是它本身并没有价值，仅仅是一个信用符号而已。

信用电子货币：最常见的信用电子货币就是现在银行发行的信用卡。持卡人可以凭借信用卡任意支取约定范围内的信用额度，但是也要求持卡人在一定的时间内还款或者分期还款。发行信用卡的最主要目的是银行为了赚取高额“利息”，因此对于持卡人而言，避免超前消费和恶意透支才是最重要的。

信用货币的“信用”实际上完全是由政府和银行所指定并发行的，

言外之意民间发行的“信用货币”都是“李鬼”。

有个案例，某民间金融公司发行了一种具有“升值空间”的券，这种券的外观与正规的银行券相仿，但是却不受政府和银行监督。金融公司承诺，购买该券不仅可以在一年内赚取20%以上的利息，而且还可以在公司上市后直接兑换原始股……在如此这般的花言巧语、循环利诱下，许多人因贪财而购买了该公司大量的升值券。没过几天，这家公司又推出几款理财产品，购买的人更是络绎不绝。当这些购买者还沉浸在发财梦中时，这家金融公司的经营开始出现问题……不久之后，金融公司的老总携巨款潜逃了。最终，这个案例被定性为诈骗案，但是许多购买者也因此血本无归！

如今，信用货币种类繁多，功能也不计其数。但是在泛化的信用货币时代，人们一定要认准它的发行机构。只有国家发行的信用货币才是真正的信用货币，国家及银行的“信用”要远远超过个人，只有国家的“信用”，才是信用货币具有其货币职能的价值所在！

“红包大战”引来未来货币

未来到底是什么样子？或许每一个人都有自己的一种看法。在艺术家的眼里，未来或许是色彩交织的；在学生眼里，未来或许没有试卷；

在银行家的眼里，未来有可能是一个不需要携带任何现金的时代……在科幻片中，我们不仅能够看到电影导演天马行空的想象力，还能发现未来科技给日常生活带来的便利。比如发红包，传统的红包都是用红纸包裹现金，而现在的红包已经摆脱以上形式，更像是一种网络游戏。

抢红包是时下最火的游戏，不管红包里面到底装了多少钱，不管红包到底是谁包的，不管……总之，当你抢到红包，那份幸运就属于你。笔者也经常玩抢红包的游戏，谁抢得多谁发，有的朋友因为天天抢红包竟然得了腱鞘炎。而今的红包已经非过去单纯意义的红包，它似乎更像是一种游戏，一种网络支付手段，甚至是一种未来货币形式。

这里讲一个关于结婚红包的趣事：

我的朋友老李，是一个老古板，常常对新鲜事物不屑一顾。不久之前，他女儿要结婚。正常情况下，应该是老李先下请帖邀请朋友参加女儿婚宴，然后朋友们纷纷掏红包祝贺。遵循惯例，老李下完请帖，坐等朋友们上门。

不久之后，老李接了一个电话。电话里的朋友问老李：“老李啊，你的微信号是什么？我加你一下微信。”

“微信？”朋友的话把老李整蒙了，老李问，“要微信号干什么？”

朋友解释道：“这些天我一直出差，加微信给你发红包啊！”

这时老李才恍然大悟，原来微信也可以发红包。于是他向朋友请教，申请了一个微信号，然后绑定了银行卡。老李的许多朋友纷纷通过微信给老李发结婚红包祝贺，老李感叹：“没有想到，小小微信竟然有这种功能……”

这样的故事还有很多，朋友圈几乎人人都在用微信发红包，比如结婚红包、拜年红包、祝贺红包、开业红包，甚至连网购都发红包。红包受众面大，实用方便，尤其深受年轻人喜欢。据统计，2015 年除夕夜，微信搭载央视春晚的仅仅几小时内，就有超过 5 亿元红包通过“摇一摇”撒给了广大网友。除此之外，其他平台也先后搭载网络平台发送各种红包，金额高达数十亿元，这不仅仅给大家带来了新年祝福，还起到了很好的商业推广作用。

除此之外，许多电商巨头也开始打起“红包”的主意。比如一般在特殊的节假日，很多知名电商会在备战时大肆宣传低价打折信息，还通过各自官网派发价值 1~1000 元不等的购物红包，这个购物红包在购物狂欢节当天可以直接充当现金使用。除了现金红包，还有礼品红包、电话费红包、手机流量红包、彩票大礼等，可谓花样繁多，令人目不暇接！当然也不难看出，其实这些红包都是商家宣传的“噱头”，为了达到最终营销的目的。但如此一来，商家一方面吸引了用户的眼球；另一方面则用“红包”将普通浏览用户绑定为顾客，提高了销售业绩。“红包”也成了众商家决战“新武林”的至尊法宝，且有愈演愈烈之势。

既然红包作为一种互联网支付方式，也就表明了它商业的立场。从拜年红包到电商的红包大战，红包似乎已经开启了互联网金融时代。随着第三方移动支付市场的日益成熟，越来越多的人参与到了互联网金融中。人们下载 APP 到自己的手机，然后再打开 APP 从线上体验线下的服务。以百度糯米为例，人们可以下载百度糯米的 APP 找到团购、外卖、旅游等信息，然后通过第三方支付体验消费乐趣。

红包作为一种互联网支付方式让 O2O 进入一个快速发展阶段。有经济专家这么认为：O2O 不仅仅给线下实体经济带来了曙光，而且还可以为国家、社会源源不断地创造财富，是极具社会价值的商业模式。在这里，大家可以看到红包与 O2O 之间的紧密关系，红包让 O2O 变成一个“闭环”模式，而 O2O 也让红包有了用武之地。

当然，O2O 技术还不尽完美，更多情况下是各商家为了抢占市场而拼命在砸红包罢了。几年前，打车软件“滴滴打车”，为了抢占全国“的士”市场，采用红包 + 现金奖励的方式刺激出租车司机和消费者安装滴滴打车 APP。不久之后，洋打车软件“优步”也开始拼命砸红包，打算与“滴滴打车”来一场华山论剑！红包砸了出去，但是效果并不明显，而这种宣传方式几乎变成了“慈善公益”活动……当然鹬蚌相争、渔翁得利，真正得到好处的是消费者。

与传统的支付模式相比，“红包”这种移动支付方式显然更具有科技感和时代感。时下大多数年轻人都有微信和支付宝账户，而许多线下商家也与互联网有机地捆绑在了一起。换句话说，现在出门只要带着手机，完全不需要带着沉甸甸的钱包了。除了购物消费之外，这种先进的支付方式还可以用来理财、投资、购买保险等，甚至还有取代传统银行的趋势。

当然这种支付方式还存在较大的风险，比如微信红包，它不仅需要绑定银行卡，而且还需要提供使用者的真实个人信息。如果遭到木马侵入，个人的银行信息很容易泄露出去。除此之外，缺乏相关机构监管也是移动支付方式所面临的主要问题。

庞大的互联网交易数据已经让传统银行感受到前所未有的压力，未来的货币支付方式绝不是拿着一大堆现金，且冒着生命危险去当面交易。

传统银行、金融机构只有不断创新，顺应时代潮流，才能创造出官方的、受监管的、完全合法的“红包”……而由“红包”引发的商机也会吸引更多资本参与进来，作为未来的、有潜力的、可以将资源整合在一起的支付方式，“红包”仍十分值得人们的期待与关注！

真实货币 VS 虚拟货币

俗话说：虚中有实，实中有虚。实与虚的关系就像中国古代的“阴阳学说”一样相辅相成，密不可分。实的部分往往是外在的、可见的；虚的部分是内在的，肉眼看不到的。实与虚的关系其实并没有那么简单，它几乎充斥在社会每一个角落，小到家庭，大到整个经济环境。互联网时代下的货币也有虚实，真实的货币就像手里捏着的钞票、坐公交车投放的钢镚儿，虚拟的货币就是那些游弋在互联网海洋中无形的货币。

先说说真实货币，目前它仍是最普及、应用最广泛的货币种类。几乎每一个人出门都要随身带一点钱，哪怕是坐公交车的备用硬币。过去常说：身无分文、寸步难行！“分文”指的就是真实货币。虽然互联网已经覆盖了大多数地区，但在那些盲区，没有真实货币是不行的。比如，你去菜市场买一斤猪肉，总不能也刷卡吧；你去一个拉面馆儿吃一碗拉面，也不能要求用微信转账。例子还有很多，这里就不一一列举了。当然不管是什么形式的货币，除可以称量的黄金之外，它们都只是一个价值符号，而其本身并无价值。

虚拟货币其实一直都存在，它也可能是有形状、有质量的货币。先听听马克思是怎么说的，马克思认为，虚拟货币是没有黄金做保证的超发的银行券。言外之意，虚拟货币是不被银行承认的野孩子。既然如此，那么这个“野孩子”也就不会有实际价值。不仅没有实际价值，而且还会“兴风作浪”，稀释掉市面上的真实货币，从而引起物价上涨。从某种角度上来说，传统的虚拟货币是一种赤字货币，它更像是银行家的一场“政治阴谋”罢了。

如今的虚拟货币已完全被虚化，四肢完全消失。它因互联网而生，并借由互联网继续充当一般等价物。然而现代的虚拟货币与传统的赤字货币已经有了本质区别。如果说传统的赤字货币是没有人管的野孩子，那么现代虚拟货币则是根红苗正的嫡长子了。与真实货币相比，虚拟货币没有身体，但却拥有灵魂。它存在于互联网世界，流通速度极快，且完全没有国界限制。在特定条件下，虚拟货币可以与真实货币自由兑换，比如，游戏世界里游戏玩家用一个装备换了 30 个游戏币，再通过现金交易将游戏币转卖给有需要的人。虚拟货币与真实货币之间的这种自由转换，其实用“阴阳学说”也解释得通。不过随着网络时代的来临，虚拟货币更有着真实货币无法比拟的优势。

虚拟货币没有身躯、没有重量，它或许存在一张卡或者一套电子银行夹里，因此它便于携带，甚至根本不需要携带。你完全不需要考虑虚拟货币会不会像纸币那样破损抑或是像钢镚儿那样易于丢失，甚至你完全不必担心有人会持刀抢劫。你只需要坐在某个角落悠闲地喝着咖啡，然后再点一下手机确定付款即可。当然，你也不会因忘带现金而苦恼，只要有互联网的地方，你就可以畅行无阻，完全摆脱了“身无分文、寸步难行”的境遇。

用虚拟货币交易，还有一个好处，不需要找零！举个例子，你去超市购物，买了十几块钱的东西，但是没有零钱只能用一百的整钱付账。收银员结账后会找给你一大把零钱，其中不乏十块、五块、钢镚儿、毛票……有的是新的，或许有的已经破损。赶上你还有洁癖，这些脏兮兮的票子还会让你心情变差！如果你用虚拟货币支付，事情就简单多了。你买多少钱的东西，直接“扫一扫”用红包支付，不用找零，该多少就多少，而且操作简单，对彼此来说都很方便。除此之外，虚拟货币是一种“加密货币”，需要在交易过程中输入密码，密码的存在也确保了交易的安全。

既然知道了虚拟货币的优势，那么它还有什么其他特点呢？

既然虚拟货币是一种“货币形式”，那么它必然有其价值性。它虽然有些“虚”，但是做起事儿来却毫不含糊。虚拟货币也是钱，是钱就可以用来购买东西。虚拟货币也是靠“信用”发行的货币，万事离不开“信用”，没有信用，真实货币也是废纸一张。

虚拟货币依赖虚拟环境，两者就像鱼与水的关系，离开虚拟环境，虚拟货币也就无法存在了。言外之意，虚拟环境的覆盖率决定着虚拟货币的使用率和普及率。这也是当下虚拟货币无法超越的“缺陷”，鱼只能在特殊环境下生存，虚拟货币亦是如此。

虚拟货币是非官方发行的，也就是说目前它还不受“央行”控制，缺乏一定的监管使得虚拟货币存在一定的风险。当然它是时代的产物，又是市场运行下的产物。如果在法律法规的框架下，使虚拟货币良性发展，它不仅仅可以与主权货币挂钩，而且还可以参与到“货币体系”的建设中来。外形上的“虚”并不影响到其价值上的“实”，它完全可以与真实货币相得益彰。

虚拟货币并不是完全存在于虚拟经济当中，事实上它与实体经济密不可分。因为互联网的发展，几乎将实体与虚拟捆绑在了一起，进而形成一个O2O闭环。虚拟货币作为一种革命性的支付手段，它更为方便、快捷，甚至不会产生任何交易费用。

耳听为虚、眼见为实。随着科技的进步，虚拟货币也在不停地发生着变化。计算机互联网作为第三次技术革命，人类已经走上了一个新台阶。除此之外，人们对新货币形式的诉求越来越强烈，金融主体对支付方式也有了更高的追求。虚拟货币已经出现，虽然它还不够完美，但它不会昙花一现，也不会是一堆无价值的网络数据，它为未来货币的发展提供了新思路，同时也为解决世界货币主权问题提供了一个方向。任何事物的发展都要遵循一定的规律，一切还需要时间去验证。

虚拟货币 VS 数字货币

商品交易是推动人类社会向前发展的原动力，而货币是构筑社会与经济的桥梁。社会不断在进步，货币的种类和职能也在悄然发生着变化。有人说，当你一觉醒来，这个世界已经发生了变化。不敢想象，几百年前人们还在为去几十公里外的地方而发愁，如今则是“一个筋斗云十万八千里”的时代。技术革命让人品尝到了科技的快感，同样也改变了人们的消费习惯。

讲一个IT男的故事：

IT男小张在北京中关村工作，围绕着他的不是电脑手机就是互联网和游戏。看看小张某一天的日程安排吧，或许你能发现点什么：

早晨八点公寓楼下某餐厅吃早餐，扫二维码支付早餐金额。

早晨九点来到公司，打开电脑，开始工作，工作内容编写游戏程序。

早晨十点休息片刻，浏览购物网站。

早晨十点三十分继续当码农。

中午十二点午休，期间通过团购网站订外卖，然后吃饭、充值打手机游戏。

下午一点继续当码农。

下午三点休息片刻，浏览购物网站。

下午五点三十分下班，然后坐地铁，地铁途中用手机浏览购物网站，并买了一双运动鞋。

晚上七点在某快餐店吃饭并扫描二维码付账。

小张的一天与电脑、手机、游戏、团购、网络购物、扫描二维码等有关，不管是生活还是工作，他几乎完全离不开网络。他的一天，除了坐地铁之外，几乎没有动过现金。翻翻他的口袋，几张卡、一个手机、一个iPad。即便这样，他依旧生活得很充实，很有现代感。不难看出，互联网让支付方式发生的改变，彻底颠覆了一个人的传统生活方式。虚拟货币OR电子货币，支撑起小张一天平凡而又精彩的生活。而全国上下像小张这样的工厂从业者已经超过了1000万。

之前我们提到，虚拟货币且实且虚，连通网上与线下，如今已经被广泛应用。那么，数字货币呢？其实数字货币也是虚拟货币的一种，只不过它与虚拟货币有一些小小区别……先看看数字货币是如何定义的。

所谓数字货币，就是电子货币的一种替代形式，这种形式比电子货币的“电子化储存方式”更加先进。严格上讲数字货币不是货币，而是一种价值符号。它与普通虚拟货币不同之处在于：虚拟货币广泛存在于游戏，而数字货币往往直接参与真实的商品和服务交易，它的职能性更强。换句话说，数字货币“务实”，而虚拟货币“务虚”。虽然是两种形式的货币，但两者又如同“父子”一样。数字货币的种类很多，几乎全部都是民间开发的。换句话说，这些数字货币都是私人货币，正因如此数字货币还没有披上正式的官方外衣。不过话又说回来，国家之所以还没有大面积推广数字货币，主要是在技术上还存在一道难关。

法国经济学家蒲鲁东说过：“习惯赋予贵金属作为交换手段的特殊职能是纯粹的契约职能。”其实不难看出，“契约”在货币形成过程中所发挥的重要作用。那些宣扬金银是天生的货币的言论听上去更像是古代君王的“圣化”，因为最早的天然货币便可以推翻这一谬论。远古时代，皮毛、贝壳和石块都可以充当货币。货币的本质并未发生改变，只是外形发生了变化。数字货币也是如此，虽然它只是“数字化”的产物，但是在契约不变的情况下，它完全可以肩负货币的职能。

有学者认为：数字货币之所以被人诟病，关键在于它的私人因素。如果数字货币技术一旦被推广开来，势必影响到国家货币的发行权，国家货币政策有可能不复存在。还有一种声音：互联网时代下的数字货币是大势所趋，只不过需要区别对待私人数字货币和法定数字货币。两种不同的声音，也说明目前对数字货币的推广还有很大的争议。

大家对数字货币的担心程度似乎也超过了虚拟货币。虚拟货币往往存在于虚拟商品的交易中。举个例子，以Q币为代表的虚拟货币，它的主要目的以娱乐为主，既然是以娱乐为主，那么虚拟货币自然也就无关痛痒。而数字货币则不同，以比特币为代表的数字货币，它往往直接与实际交易相关，人们通过参与比特币交易，是为了达到理财或者赚钱的目的。所以两种不同的担忧便出现了！如Q币等虚拟货币无限制超发，其结果只能导致相关的虚拟服务受到影响，然而这种影响力很小，甚至不会影响到个人的家庭和工作，更不会引发社会动荡；但若比特币等数字货币严重超发，那么人们将会因此受到极大的损失，甚至破产。而在缺乏调节机制下，私发的数字货币往往会引发一系列的社会问题。通过研究我们可以看出，数字货币或许只是缺一件“官方袈裟”，如果将其“官方化”，那么它完全可以像其他的信用货币那样发挥功效。

目前我国正在研发一种基于银行账户或第三方支付账户为本位币的央行数字货币，这种数字货币具有区块链、密码计算、安全数字芯片、移动支付、可控云计算等技术特点。一旦这些技术被逐一突破，将会有助于金融体系的完善。除此之外，未来的央行数字货币还可以提高结算的效率和准确性，增加商业交易的透明度，而且还可以形成一个“云系统”，便于央行进行调控。

数字货币是一种新兴事物，我们要以发展的眼光去对待它。就像凯恩斯在他的《货币改革论》中所说：“长远是对当前事务错误的指导，从长远看，我们都已经死了……”

种类繁多的数字货币

曾经的原始货币，种类繁多，五花八门。数字货币也是如此，而且从诞生的那一刻起，就注定了它的不平凡。当然数字货币发展到现在，身边的质疑声也是一直不断。有人担心数字货币会瓦解现有的货币体系，甚至还有人担心，种类繁多的数字货币就像不停变化的“病毒”，它的破坏力远远大于其功能。不管怎样，数字货币已经出现了，而且它就像天天换着时装的模特，正在“聚光灯”下表演。

先说说当下比较时髦的几种数字货币吧，因其“身份”多变，所以我们更需要一一认识、鉴别，才能分清它们的好坏。

比特币，英文名为 Bitcoin，是一种世界通用的加密电子货币。许多人一听到它，总会跟“变态”二字放在一起。当然比特币不是变态币，而且它一点儿不变态，只是一个音译。比特币是日本人中本聪研发的，他将开源软件与密码结合，然后在 P2P 和分布数据库的平台上制造出了比特币。比特币有点类似 E-mail 的电子现金，人人都有发行比特币的自主权（听上去有点像基于安卓系统开发游戏）。

2009 年，比特币问世。或许因它太特殊了，一出现就引起了巨大关注。它与传统货币的不同之处在于，它不依赖央行的信用担保，只是借助对等网络的种子文件达成的网络协议，它的“去中心化”，甚至还可以自我“修复”“进化”就如同X战警里的金刚狼。如此看来，比特币确实是一种神奇的数字货币。它不但数量有限，讲究“物以稀为贵”，而且任何人和部门都无法操控它的数量，目前来看，已造成通货膨胀和货币贬值。

比特币的流行度还在增加，人们可以通过多种途径将其转化成现金，比如客户端、货币交易所或者个人。比特币不断地发展，其身价也在不停地上涨，甚至有越来越“变态”的趋势。目前，全世界的比特币市值突破十亿美元。当然比特币并没有受到法律保护，仅仅是山寨货而已。

莱特币，英文名为Litecoin，它似乎是比特币的1.0升级版本。乍听上去，它的名字也很古怪，难道设计者是莱特兄弟的粉丝？当然这是开玩笑，这也只不过是音译而已。莱特币也是十分具有“野性”的货币，它不但不受“管”，而且比比特币更加先进。莱特币每2.5分钟就可以处理一个区块，比特币则需要10分钟处理一个区块；莱特币的发行量也比比特币高出四倍；莱特币的加密算法也比比特币厉害一些，而且更容易被“挖掘”出来。

话又说回来，有时“欲速则不达”。莱特币虽然快，但是却不如比特币稳定，交易安全系数也远远低于比特币。而且比特币在全网计算力上也强于莱特币。目前莱特币市场价值与比特币差距明显，暂无可比性。

狗狗币，这个名字很奇怪，是英文“Dogecoin”音译过来的。这种数字货币诞生于2013年，是基于著名黑客Colin Percival的一个“Scrypt”算法而制造出来的。不难看出，数字货币确实是高智商的电脑天才研发出来的，极具趣味性。狗狗币也是一种纯民间发行的货币，其流通速度极快，而且不受区域限制，交易费用也十分低廉。

狗狗币在诞生之前，还发生了一件趣事。某一天，Adobe 公司负责研究电子货币的码农 Jackson Palmer 看到“Doge”后突发奇想，打算创造一个“狗头比特身”的电子货币。于是他注册了域名，寻找合作伙伴。不久之后，另外一个人出现了。这个人叫 Billy Markus，同样也是执着于“数字货币狂想曲”的疯子。两个人一拍即合，然后“狗狗币”就诞生了。狗狗币的火爆更是一个奇葩典故。2013 年，恰恰是互联网高速发展的一年。许多人为了在互联网上出名，不停地录播段子，如岳云鹏在优酷上唱五环之歌。有的人确实表演得不错，观众们不仅点赞，而且还纷纷打赏小费。当狗狗币出现后，人们发现它币值低、数量多，似乎是为“小费”而生的。于是乎，大家纷纷给那些“网络怪咖”打点狗狗币，同时也给狗狗币做了推广。狗狗币火了，甚至火得一塌糊涂。目前，狗狗币市值超过一亿美元，仅次于比特币位列全世界第二。

元宝币，这个是中国人自主研发的电子货币，2013 年上市。既然是元宝币，开发商希望它能够像“元宝”一样闪闪发光。元宝币的架构与比特币相似，但是也有自己的一些特点。比如说，元宝币开源代码全部公布于众，全球可以同步进行“挖矿”，而且“矿工”平等，交易速度也比比特币更快。因为是中国人研发创造，所以元宝币的运行和推广全部用中文。除此之外，元宝币的数量也是有限的，如果数量泛滥，“元宝”变“废铁”就失去了货币功能。不过笔者看来，元宝币在国内面临的各种问题也极多，甚至有人说元宝币里根本没有“元宝”，只不过是一场骗局而已。不管怎样，元宝币作为中国人研发的电子货币依旧值得肯定，至于其他方面还由后人评说。

稀奇古怪的数字货币还有很多，比如比特股、阿依币、苹果币、比奥币、黑币、达世币、机会币等，这些电子货币有的还在高速运转，有的可能在诞生初期就已经消亡。它们因互联网而生，又因五花八门的各种社会需求而“变身”，它们相互借鉴但又彼此独立；它们还在不断调试、升级阶段；它们有的会为人类创造巨大财富，有的可能沦为骗局；它们有可能成为法定货币有力的补充，也有可能慢慢淡出视野；它们现在是放荡不羁、去中心化的，或许以后会成为官方的、受管辖的货币……品种繁多的数字货币给人带来无限遐思，或许也会慢慢影响到货币的历史进程，成为未来货币的主要形式！

数字货币的发展历程

人们常常会有一种莫名其妙的、不知如何形容的感觉，这种感觉似乎刚刚抵达皮肤又瞬间消失了。人们会把这种感觉当成“错觉”，误以为会发生怎样的状况。货币发展至今，给人们也是这样的感觉。有的人认为货币信用是一句客套玩笑，最终的目的是抽干所有人的家底儿；还有的人认为货币不等于钱，钱可以用来买东西，货币则不能；还有一种观点更加奇葩，认为货币根本就不应该由央行制定发行，因为它违背了充当一般等价物的公平原则！

婆说婆有理，王婆卖瓜自然会说自家的瓜甜。社会依旧不停向前发展，人们对物质、精神的追求也越来越丰富。以消费而言：古人的消费很单一，仅仅是吃穿而已；而现代人则把消费重心放在提高生活品位上。

因此单一的支付方式已经无法满足社会发展和人类的需求，多种支付方式与多种货币形式并存才是解决问题的关键所在。

数字货币作为一个时代的产物，它的出现并不令人意外。简单来说，它可能仅仅是科技革命后的一个小小发明，其他的、具有划时代意义的伟大发明还有更多，比如计算机、互联网、高铁和航天器、智能芯片等。

人类社会也由奴隶制发展至现在的社会主义制。“权力”在一点一点地消逝，“资本”在一点一点地累加，货币作为资本的代名词，它扮演的角色也越来越重要。权力机构的瓦解，意味着人们正朝着“自由”的道路上奔驰。接着数字货币来了，它赤裸裸地、毫无约束，或者更像是“网络病毒”一般来去自由地穿行在虚拟世界里。它可以有形，也可以无形，可以是一个人的名字，也可以是一个公司的名字。贸易自由化让数字货币有了用武之地，而自由化的数字货币似乎也有打破传统货币垄断的趋势。

追溯数字货币的历史，首先要来到 1982 年。还是那个研究密码学的疯子大卫・乔姆，他率先提出将密码与支付系统结合起来。经过 8 年抗战，1990 年，密码学现金系统“ecash”终于出现了。当然这还仅仅是个雏形，或者仅仅是“数字范畴”，与数字货币无关。

1998 年，卫戴发表一篇关于“分布式电子现金系统”的文章，文中称这个东西简称“b- 钱”。与此同时，尼克・萨博也发明出一个更先进的东西，名为“比特金”。当然比特金与比特币还有着天壤之别，但是比特金似乎可以算得上是比特币的鼻祖，电子货币的初步形态已经出现。

匆匆又过了十年。2008 年，日本人中本聪在一个隐秘的密码学讨论组上发表了一篇关于“电子货币”的文章，该篇文章阐述：这种货币来自中本聪的一种算法，不需要经过那些一本正经却想要毁掉世界的银行家的批准。这种货币是公开的，而且数量可控，不会因为“超发”而引发货币贬值、黄金上涨，似乎还可以避免金融犯罪。但在最初，中本聪的想法并未引起轩然大波，数字货币似乎还在等待属于它的春天。

2009 年元旦刚过，中本聪将理论落实到实践，成立了一个“开放源代码项目”，这个也就是后来常说的“开源代码”。中本聪从创世区块中挖得 50 枚比特币，随后他还在里面留下一句话：此时正是英国财政大臣达林被迫考虑第二次出手缓解银行危机的时刻。当然这句话的内涵是中本聪对旧日货币体系的冷嘲热讽，在他看来只有数字货币才能解开银行危机这道难题。

除了中本聪，还有一些人开始对电子货币感兴趣，比如英国码农加文·安德烈森，他利用业余时间创办了一个叫“比特水龙头”的网站，而且还花了 50 美元买了 10000 个比特币。美国的一位码农拉斯勒，为了测试比特币的实际价值，随后用 10000 比特币买了两块比萨。除此之外，一些电子货币的拥趸纷纷开始尝试用比特币进行结算。随着“挖矿”的矿工数量越来越多，许多人开始怀疑中本聪并非只是一个人，或许是一个“智囊团”组成的神秘组织。

不久之后，一个美国制片人布鲁斯·瓦格纳在“OnlyoneTV”的网络直播室内开了一档名为“比特币秀”的栏目。按理说，这类栏目大多是以讽刺、挖苦为主，但是这个“show”却成了宣传比特币的大喇叭。其实布鲁斯·瓦格纳是个不折不扣的比特币粉丝，他曾视比特币为“信仰”，还曾公开表示：“比特币爱好者就像福音传播者，他们看到了这项技术的魅力，这是一场巨大的运动，或者称之为一种宗教信仰也不为过。在论坛上，你会看到这种精神，与自我无关，大家都在为改良比特币而努力。”

从 2010 年的夏天开始，比特币逐渐走俏，网站交易量大大增加，比特币币值也由最初的 12 美分涨到 36 美分。那些最早投资比特币的人也没有想到，自己的身价会开始疯狂地且是翻着倍地往上递增。2011 年初，比特币几乎与美元等价。但是这样的比特币还不算变态，又过了一段时间，1 比特币甚至可以兑换 27 美金。据说美国田纳西州有一个超级粉丝，他拥有 37.1 万比特币，换算下来竟然超过了 1000 万美金……当然这样的峰值并没有维持多长时间，而后比特币因陷入“网络洗钱”的罪名而经历了如过山车般的暴跌。有人说：比特币的波动范围超过了珠穆朗玛峰和马里亚纳海沟的垂直长度。

当然比特币只是电子货币的一种，但却是迄今为止最有代表性的电子货币。从某种程度上讲，比特币就是电子货币。随着社会关注度的提升，比特币越来越流行起来。“矿工”越来越多，随之竞争越来越大，从中赚取的钱却越来越少。更加令人悲哀的是，比特币并未得到政府的“招安”，反而成了互联网“投机”的代名词。

如果大家认为“比特币的生涯就要结束了，数字货币也已经危在旦夕”的话，那显然又太过悲观了。因为任何一个事物的发展，都有一个不成熟到成熟的过程，就像乔治·史蒂芬逊一样，恐怕他想象不到如今的高铁与他的蒸汽火车早已不能同日而语……或许当数字货币被正式“招安”的那一天，我们也会迎来一个崭新的时代！

|Chapter 5|

数字货币，不仅仅是通货

数字货币的特征和功能

孙先生一直在金融行业摸爬滚打十几年，在金融圈里已算是小有名气，许多有投资理财想法的朋友都会找他。这一天，有个朋友找到他，打算让他推荐一款理财产品。

朋友问孙先生："现在大环境不景气，钱放进银行也会缩水，你有无好的理财项目推荐一下？"

"现在好的投资项目并不多，所有的行业都是如此。通过货币调控只能说是维稳吧！我的个人建议是买一些银行理财或者基金！"孙先生如此回答，似乎并没有好的项目推荐给他。

在他看来，传统理财虽然比较保守，但是却相对稳定，风险较小；民间借贷等虽然有较大的回报，但是借债人往往容易玩失踪。投资与风险并存，但是这个不变的真理是否会因为数字货币的出现而改变呢？

数字货币毕竟还是一种货币，货币的基本功能仍仅限于"支付"二字而已。说白了基于互联网出现的数字货币，只不过在流通速度、跨境支付、交易安全上有了增强而已，看上去与传统货币的差距并不大。话又说回来了，有些人却用数字货币赚到了钱，是典型的"钱生钱"。

我们先了解一下数字货币有什么特点。

既然是数字货币，“数字”二字便是其最显著的特色，简而言之，数字货币就是将货币进行了数字化处理。数字化处理其实是一个很复杂的过程，它不是简单的加上一排序列号，也不是将货币扫描到电脑里进行备份。换句话说，数字化是一种管理方式，它利用电脑、互联网、通信等技术，通过研发、技术创新等对货币加以改造，使其变成一组无法复制但又可以充当一般等价物的货币形式。数字货币是电子货币的一种替代形式，或者是电子货币的 2.0Bata 版。当然数字货币也是虚拟的，它没有形状、重量，更不需要按照分量进行分割……它只是一种货币符号，本身没有价值。

数字货币的发行数量是有限的。当然这个“有限”还是一个变量，需要靠人的信用去约束。数字货币的数量多少也就决定它的价值大小。这一点就像黄金，因为全世界一年开采的数量有限。物以稀为贵，数字货币的数量是靠开发者的“信用”来决定的。举个例子，某地区有钻石资源，如果按照计划开采，钻石的价格将保持不变。如果钻石开采量增加或者发现了更好的钻石坑，钻石的价格也会回落。数字货币也是如此，它似乎也像一种“矿”，通过“矿工”开采出来，其实价值总量并不会发生变化，变化的仅仅是被开采出的数量而已。

数字货币还有一个显著特点：去中心化。从字面上解释“去中心化”，就是没有司令部可以管理它。不过现实中的货币，一直是受控制的，它的上面一定要有一个“司令部”。数字货币既然不会被控制，那么它的价值就会被打上一个问号。货币的价值标准其实早已经是一个“国标”，而这个“国标”只有被管控后才会被打上这个标记。去中心化的数字货币目前似乎还很尴尬，或许未来趋于“大同”，“大同”便不需要“司令部”了，当然这也仅仅是一个设想而已。

数字加密技术也是数字货币的技术特色之一。以目前来看，加密技术的应用是货币史上的一个重要里程碑。打个比方，过去购买东西都是现金与实物的交易，也就是一手交钱一手交货，加密数字货币出现之后，买东西似乎变成一件更安全、更私密的事情。你输入提前设定好的密码，密码可以确保你这一次的支付安全，同时也不用担心纸币被盗窃或破损等不可抗拒的因素。可以说，将数字加密算法运用到货币中，是一项巨大的科技进步。

数字货币还有一个特点：区块链。打个比方，区块链好比人身体上每一个淋巴结，每一个淋巴结又有淋巴管互相连接相通。区块链其实是一个数据库，也是一个可以循环的数据系统。有了这项技术，就可以验证每一次交易的有效性，从而继续确保交易的安全和快捷。

当然数字货币还有一些其他特征，这里就不一一列举，本书后面还会有详细的描述。既然数字货币有那么多技术创新，那么它的功能是否发生了改变呢?

笔者看来，货币从古到今一直充当的是一般等价物，同时具备价值和实用价值。也就是说，作为一个价值符号，货币的属性并未发生任何变化。数字货币也是如此，从被开发出来开始，人们完全可以用它进行等价交换。比如你可以用电子货币买比萨，还可以用来购买明星演唱会的门票。许多“技术宅”们通过“挖矿”搞到数字货币，而“挖矿”过程中所消耗的 CPU 等各种算力将以价值形式折合出来。也就是说，数字货币与其他货币一样，具有相同的价值。

目前数字货币还存在一些问题，或是技术问题，或是别的问题。比如说作为广泛流通的货币，它的数量一定不能太过“稀缺”，因为如果比“黄金”还要稀缺，就失去了作为一般等价物的意义。数字货币更不可能是一种商品，如果把它当成商品，它只能是开发者的牟利工具。因此如果把数字货币当成一种货币，那么它需要改进的地方还有很多。

随着科技的进步，数字货币依然是未来发展的趋势所在。通过货币的演变不难看出，每一次新货币的出现，都不是平白无故产生的，都代表着社会的相应诉求。古人也曾说：存在即有合理性。数字货币的存在也有其合理性。除此之外，数字货币的认同度也在逐年提升，作为一种新的支付手段，年轻人似乎更喜欢这类新鲜事物。随着数字货币的进一步演化，相信它可以完全起到货币的作用，进而带动社会发展。

优势多多的数字货币

优胜劣汰是自然界的生存法则，也是漫长的人类历史所得出的结论。任何事物当它不能适应当前环境时，就会面临着被淘汰或进化。

有一个故事，我的一个朋友张鹏，在某私人企业工作。他平时工作很扎实，勤勤恳恳、兢兢业业，并多次被评为公司劳模。老板对他的工作态度也十分认可。

虽然张鹏的工作态度很好，但因他学历不高，在计算机方面，始终掌控不了。后来公司从有纸化办公改为无纸化办公，公司文件以及流程全部通过电脑进行传达。那些刚刚入职的年轻人能十分熟练地用电脑办公，这让以前从未接触过电脑的张鹏十分烦恼。后来张鹏参加了公司的电脑培训班，但由于他学历低、基础差，虽然经过一段时间的认真学习，但仍不能熟练地操作电脑。

再后来张鹏被公司调离核心队伍，去仓库做了保管员。那些没有社会经验，但是精通电脑的年轻人取代了他，成为公司新的业务骨干。

这个故事其实很简单，阐述的就是一个“优胜劣汰、适者生存”的道理。货币也是如此，从古到今，从自然货币到数字货币，从原始社会到现代社会……如今，你不能去海边捡一堆贝壳去换商店里的黄金饰品，也不可能拿着一吊铜钱去淘宝买一条裙子。世界在发展，人类社会在进步，如果说“物竞天择”是自然法则，那么货币的发展则完全出于人类对自己及社会的需要！数字货币的出现和迅速发展，更是因为其无可比拟的优势。那么数字货币与传统货币相比，到底有哪些优势呢？

一、数字货币不需要携带

说到这一点，我们必须要深挖一下货币史。原始人选择自然货币，是因为他们造不出质量轻、便于携带，又可以充当一般等价物的货币。在他们手里，除了牲畜、毛皮、生产工具、贝壳等，没有别的东西可以用于交换。到后来他们选择贝壳，原因在于贝壳数量少，获取难度大，值钱。随着社会发展，人们开始逐渐懂得如何利用金属，并将金属打造成货币。而金属的优势同样如此：获取难度大、数量少、便于分割、容易携带。假如你去市场买一棵树，让卖家选择一张狼皮还是一块银子作为支付手段，想必答案也不需要公布了。后来出现的纸币也是如此，因为纸币更轻、更容易携带。数字货币呢，更不用说了只要有互联网，你随时随地可以取现，任何情况下都可以进行物品交换。

当然数字货币仅存于网络之中，倘若没有互联网，它什么也不是。但是互联网几乎已经遍布全世界（除了个别偏僻地区），没有网络覆盖甚至是一件可悲的事情。不需要携带与便于携带相比，人们似乎更喜欢衣服没有“口袋”，更喜欢那种“无钱一身轻”的感觉。所以有人说：“数字货币已经让我们不需要带钱包，那我们为什么还要带着钱包到处走呢？”其实数字货币确实是一种很先进的替代货币，它会让你有一种天天忘记带钱包的感觉。

二、数字货币不会受“造假”困扰

假币的故事有很多，说一件发生在我身上的事吧。几年前，我准备坐长途汽车去外地出差。在我掏出钱购票时，售票员说我有一张钞票是假币，当时就被扣了下来。他说最近出现了许多这样的假币，一定要小心谨慎。这张假币确实太像真币了，如果不借助验钞机恐怕很容易就会蒙混过关。可想而知，市面上肯定流通着很多假币，这些假币甚至长期充当真币使用。现如今随着3D打印技术的逐渐成熟，让违法者很容易就可以制造印钞模板，新一代的造假技术应运而生。虽然假币不能代替真币，但是当它一旦参与流通，势必影响到币值。

前不久还流传一个假币的笑话，笑话是这样的：有个人造假币，因为模板弄错了，不小心印出一张面额为15元的假币。因为这钱确实太假，所以根本在市面上难以流通。后来有个骗子建议他，去偏僻地区花。他信以为真，就来到一偏僻地区，遇到一位卖鸡蛋的老汉，看他面相还算老实，于是花一块钱买了两个鸡蛋。令他没有想到的是，老汉收下他的15元伪钞，最后却找给他两张7元的“真币”！

数字货币不用为了“造假”而担心，因为它根本不存在造假。一方面，数字货币没有实物，不需要刻板印刷；另一方面，数字货币是一项技术程度很高的货币，一般的造假者是难以掌控的。最关键的一点：严密的计算公式让其“假”不了，除非你是那种可以入侵华尔街或者美国中情局的超级黑客……话又说回来，有这本事难道还会去造假吗？

三、数字货币点对点交易，且交易费用低

我个人觉得这个优势还应该归功于互联网，互联网不但拉近了国与国之间的距离，而且让两个彼此相距遥远、毫不相关的点有了联系在一起的机会。数字货币依附着互联网，自然也就借互联网的优势和发展壮大自己。由互联网产生的对等网络（P2P）是一种分布式的应用架构，数字货币也是靠这样的架构均匀地分布于网络之中，使交易更加方便快捷。除此之外，在传统的货币交易中，无论是跨行或跨地区都需要支付一笔不菲的手续费，而数字货币的模式不会产生更多的费用，且能从根本上提高银行及金融行业的服务质量。

四、数字货币是一种加密货币

为了提升其安全性，数字货币有加密系统，就像在皮箱上加一个密码锁一样。也就是说，在每次交易过程中都需要输入提前设定的密码，而这个密码只有付款人自己知道。除此之外，数字加密技术是一项技术含量很高的技术和算法，这样的加密方式很难被破译。而今，经济犯罪十分普遍，因此，提高交易的安全性是衡量一种新型货币的重要指标！

数字货币虽然有很多优点，但也存在着很多不足。它顺应科技和时代的发展而来，是一种“推陈出新”的成果。在自然法则下，传统的货币模式必然会向新模式转变，那么它是否能够在货币史上留下浓重的一笔呢？

比特币：开启数字货币新纪元

任何一个事物的出现都有其必然原因，就像电、原子能、计算机等，它们的出现不仅代表着一个时代的进步，也说明人类对相关知识的掌握到了一定的程度。货币也是如此，每一次货币的变革都是一次质的飞跃。金属货币取代自然货币，货币终于有了实际的“面相”；纸币代替金属货币，是人类货币史上一次“信用”的大考验；电子货币的出现，让人们在支付方面又有了新的选择。不管未来到底是什么样的货币，无论是有形的还是无形的，无论是怎样的架构方式、怎样的支持方案，比特币的出现都实在地给了人们一个更深远的思考。

很难想象20世纪80年代，大卫·乔姆这些专攻密码学的人会将“密码”与“货币”联系到一起。开个玩笑，或许大卫·乔姆曾经丢过钱或者被小偷光顾过。于是他思考，如何将钱放进一个卡里，而不需要直接携带现金。三十年前，这个想法还是疯狂的，没有人敢想象：一张钞票脱离了纸张、金属会是什么样子！九十年代，大卫·乔姆的新一代产品——“电子现金”出现了。事与愿违，大卫·乔姆只是擅长研发但不擅长经商，他的产品随后不久便黯然下架，大卫·乔姆也与他的电子现金彻底消失在货币改革的潮流中。

但大卫·乔姆的思维模式并未消散，有一个名为“密码朋克”的组织也搞过这方面的研究。“密码朋克”的创始者埃里克是朋克音乐的爱好者，他打算结合“朋克”思想实现自己的个性，这个“个性”就是利用加密算法保护自己的个人账户。1993 年，埃里克在自己的《密码朋克宣言》里写了这么一段话：“密码朋克致力于建立匿名系统……电子时代，隐私是开放的社会不可或缺的……我们不能期望政府、企业或其他大型的匿名组织来保障我们的隐私……如果期望拥有隐私，那么我们必须亲自捍卫之。我们使用密码学、匿名邮件转发系统、数字签名，以及电子货币来保障我们的隐私。”

“密码朋克”的诉求其实代表着很大一部分人的诉求：银行没有信用而个人也没有隐私权。打个比方，晚上与情人一起洗澡，政府却在浴室上方装了一个监控摄像头……当然这个比喻并不恰当，但是却引起许多人的思考。如何才能够拥有一个私密性强、交易效率高、不被银行控制的电子支付系统呢？

盼望着，盼望着，春天的脚步近了，中本聪来了……踏着诗意，这个日本人在“银行信用陷入危机”时带来了自己的创意：依据严密算法，发行一种数量有限、账户公开、与“通货膨胀”绝缘的数字货币。这个数字货币就是著名的比特币。

其实中本聪也是一个密码学狂人，他对密码计算方法的痴迷度几乎到了极点。在宽阔如宇宙般浩渺的互联网世界中，他似乎找到了一种难以破解的、像复杂螺旋结构基因一样的数字代码，每一个数字代码都是独一无二的。这些代码一共由 34 个数字和字母组成，而且可以不断变化……如果通过精确的计算方法，就可以将其“挖掘”出来，并且充当网络签名或者密码钥匙之用。换句话说，互联网就是“金矿”，密码就等于“黄金”，“挖矿”技术就是算法。每一个密码都存在于一个“区块”里，且每一个“区块”都是相互串联在一起的，就像是一条绳子上的蚂蚱。

根据中本聪的算法，浩瀚的互联网宇宙中只能挖掘出 2100 万个数字货币，这 2100 万比特币就是这个“金矿”里的全部“黄金”，而且属于不可再生资源，挖走一个就会少一个。如此看来，比特币确实是一个数量有限的“金矿”，“矿工”就是靠“挖矿”赚钱。不久之后，中本聪利用自己的算法挖了 50 个比特币出来，算是地球上头一号比特币“矿工”。

“挖矿”是个技术活儿，就像那些高精尖人才靠大脑赚钱是一个道理。这些“黄金”一旦被开采出来，它就可以自由流通，而且它的所有权可以无限制地转移，这一点就像市场流通的钞票一样。除此之外，比特币也受 20 世纪“朋克思维”影响，最大限度地实现了“自由”。它是完全去中心化的，完全不服管的，它的价值体现在矿工数量及拥有者的人数，或者说有多少人愿意用它去叫一份外卖或者接受比特币换耐克鞋……受众越多，它的价值也就越大。

2010 年，比特币的价值已经有了初步体现。有人尝试用比特币买了一块比萨饼，后来也有人愿意让顾客用比特币买自己的羊毛毡子等。随着比特币的拥有者和追求者越来越多，市场也开始慢慢火爆。不到一年时间，比特币币值已经翻了 N 多倍，1 比特币可以兑换 9 美元。那个曾经花 10000 比特币买比萨的“骚年”估计早已经悔青了肠子，那时的 10000 比特币可以兑换 90000 美元，完全可以购买一辆宝马汽车。

比特币的出现让许多码农转行做了“矿工”。每天清晨，当朝阳洒进玻璃窗，那些“矿工”早已经蹲在电脑前不停地挖矿了。据说四个人的“小矿坑”，每天可以挖出价值高达 900 万美元的比特金。不过越往后挖，难度也就越大……就像现实中的金矿开采，直到这个金矿完全枯竭为止。

在笔者眼里，比特币目前还不能称之为具有“调控意义”的货币，或许目前它仅仅还属于一种人类开发的智能游戏而已。虽然数量有限，开发难度大，但是它的“去中心化”思路完全打乱了银行家对传统货币的定义：只有央行才具有发行货币、规定币值、发行数量的权力。那些私人开发的，只能算是“个人财产”，与“货币”本身无关。

不管是银行家的“羡慕嫉妒恨”，还是比特币触动了他们的“蛋糕”，总之比特币的出现是无法阻挡的……在高速发展的互联网世界，比特币这一类型的数字货币确实值得让那些一根筋到死的银行家们去反省。

区块链：数字货币的理论框架

如果比特币开启了数字货币的新纪元，那么区块链技术就是架构数字货币的理论框架。换句话说，没有区块链也就没有数字货币，没有区块链建立的数据库，也就没有价值交换的网络节点。

先说说区块链的组成和定义吧。“区块链”字面上给人的感觉是三个独立又不相关的字！所谓的“区”，其实指的是互联网空间；“块”，指的是在互联网“区”间内以电子记录为形式而永久保留下来的数据，这些数据呈现出一块一块的“结构”，每一块或许都不一样，就像世界上没有一对完全相同的树叶一般。“区块”是按照时间先后顺序生成的，每一个区块其实就是每一次交易的信息库。

“区块”有两个明显特点：其一，新区块是在前一次交易完成后所形成的完整数据库；其二，新区块形成后如同火车车厢被永久地“悬挂”在后面而不会被删除。也就是说，区块形成后总是以“神”的形式存在。它不会被改变，更不会被舍弃，简直就像“砸不碎咬不烂的响当当的铜豌豆”。

有了无数区块，就需要一个“链子”将它们整合到一起。区块链的定义正是如此，它形成了一个庞大的、完整的数据库，数据库中的每一个节点则意味着一次完整的交易。

如此我们便可以将整个区块链进行概括：每一个时间点所形成的区块可以看作是一本书的其中一页，而这一页总是与上一页或者下一页相连，且都标示着页码索引，书的下一页亦是如此，页页相连就形成了区块链这本书。从第一页开始到最后一页结束，中间的所有数据都是完整统一的。于是当我们查找里面的每一个内容，只需按索引找出该页便是。因此，区块链这项技术是相当伟大的，它像一本新华字典，便于查找，能够寻根溯源得出结论。

除此之外，区块链还有一个特色：去中心化。以传统货币为例，央行控制着所有货币的铸币权和发行权。也就是说，央行就是中心，央行代表着指令。而区块链不同，区块链好像是一张多点控制的网。这些点分散面积很广，而且非常多。每一个点则代表着每一次参与交易的数据……看上去区块链似乎没有突出哪一个“点”，也不会以哪一个“点”为中心，有点“人人为我、我为人人”的崇高精神。区块链是一个有全民参与的记账方式，它就像一个大的记账本，上面记录的账有根有据，且每一个数据都真实可靠。

举个例子，一个大公司每月中旬要给全体员工发薪水。发薪水之前，公司财务提前要一一核对人员信息和工资数额。统计完成之后，公司财务按照职务、部门以时间先后下发工资。但是有时候也会出意外，有的人工资到手后，发现数目不对，反过头去找财务。

“财务啊，我的薪水怎么少了呢？”

财务人员也觉得奇怪，都认真核对了一遍应该不会错，于是他说：“我帮你查查看，但是应该不会错。”财务人员只能背过身子一页一页地查找，在反复核实多次后终于找到了原因：工龄工资计算错误。工资问题解决了，但是这种“中心化”的管理方式很容易出这样的问题，而且还会被人为控制或者干涉。

以这个故事为例，倘若这个公司财务与某人关系不和，完全可以通过这种“中心化”方式克扣工资、公报私仇。这种中心化管理方式所产生的数据不仅可以篡改，而且不会公开透明，有时甚至掩盖了事实真相。

还是以这个公司发工资为例，“去中心化”其实就是总公司下面的每一个分公司、部门进行工资结算，公司提供网络让各部门上传数据。

虽然这种分配原则的做法有一些烦琐，但却不容易出错。每一个分部门都有自己的一个工资表，他们上传的数据都会在数据库中呈现出来，完全可以做到公开透明化。除此之外，如果某一个部门下发的工资出了问题，只需要他们自己动手解决，无须劳驾总公司……由此可以看出，去中心化的“区块链”技术确实有它自己的优势。

区块链是一项技术，并非是一种成型的货币。这项技术可以在数字货币中体现，当然还可以应用在其他行业。

以金融行业为例，目前来说，金融行业似乎进入了一个高成本运行时期。一方面，人力成本的提高是不可抗拒的，这里有两个原因：①为了防止金融风险和金融犯罪，审核力度的增加提高了审核人员的工作量和人数，而这无疑会增加人力成本；②金融行业一直属于高收入行业，在世界金融环境不好的当下，他们的收入一般也不会受到影响；另一方面，在效率就是利益的今天，传统的金融结算效率太过缓慢。举个例子，你需要给某人打款，首先要把打款的事儿告诉某人的父亲或者母亲，在他们同意的情况下，然后你才能给某人打款。这个例子虽然夸张，但是每一道指令都要“司令部”进行筛选，必然会延缓时间。效率低下，而且跨境转账还需要支付一笔庞大的手续费。

区块链技术可以让金融行业降低运行成本：其一，其系统运行原理决定它不需要足够多的人进行监督、评估，因为所生成的每一个节点都已是完整的数据库，而且无法被恶意篡改，或者说它仅仅需要几个数据维护员即可；其二，它可以全天候交易，而且几乎可以在几秒钟内完成，比如 Ripple 为金融系统提供的解决方案，在跨境支付方面费用低、速度快、效率高。

当然区块链也存在一些缺陷或者争议，比如去中心化虽然提高了“自由度”和“公平度”，但是在缺乏监管的情况下，信用度就会大打折扣。另外，该系统的技术依旧还不成熟，许多黑客还是可以通过“算力”攻克它，成为谋财利器。在隐私保护方面区块链似乎也面临比较大的挑战……当然金无足赤，区块链只有经过逐步完善才能真正为未来数字货币提供支持，我们也拭目以待！

分散信任：数字货币的交易保障

现代社会提到的最多的两个字就是：诚信！有人说，诚信是人与人之间最本质的东西；有人说，做生意没有诚信做不下去！诚信是“诚实”与“信用”的结合，二者缺一不可。但是“诚信”一般是一种被动关系，是买家对卖家的要求，并不是相互的。那么这样一来，是不是单方面的诚信在交易中起不到作用了？这时，我们还要请出一个词：信任！

彼此之间的信任是保证交易运行的必要条件，信任可以让“诚信”在交易中发挥出最大效力。信任不仅仅存在于人与人之间，人与动物、人与互联网等之间也要互相信任。之所以现在许多人选择不信任，主要是过去被骗怕了或者社会风气不正而留下的后遗症。以投资理财为例，许多人购买了理财产品，并没有得到应有的回报，有的甚至倾家荡产，跳楼自杀。不管怎样，只有建立起信任，才能最终保证交易进行。那么，在一个缺乏信任和诚信的社会里，如何才能建立起这种信任呢？

先来说一说传统货币。传统货币依赖于央行和国家的信用，这种“信用”更多是权力所致。因此持币人没有选择权，只能被央行的“信用”牵着鼻子走。当然这种“信用”往往高过个人信用，一旦失去了“信用”，货币体系和国家职能将会面临很大的问题。那些经历过金融危机的人们，就会对央行的“信用”持怀疑态度，每一次金融危机到来时，他们都会心怀恐惧、惴惴不安。没有了“信任基础”，新货币体系就很难建立起来，而这正是“中心化”的一种极端表现。

“去中心化”其实就是把权力分散给人们，让他们去决定以哪一种事物重建体系。举个例子，某公司为了让公司员工有更好的归属感，让他们每人轮流做一天的“总经理”。或者说，每一天公司的管理、经营都是在公司员工的监督下进行的。没有想到的是，公司的做法不但没有让内部混乱，反而空前团结。员工将信任留给了公司，公司又把“信任”还给了员工，从而形成一种交互循环的关系。员工因这种“去中心化”的管理模式获得了应有的权利和自由，从而也对公司产生了更强的归属感。这个故事是一家著名的日本公司所采取的做法，贯彻至今，已在业内成为典范。

回到正题，新数字货币的一个技术特点就是“去中心化”，这个“去中心化”是一种网络构架，是由互联网以及计算方法、存储方式所决定的。这样的“去中心化”应用模式可以让每一个人都能体验到“公平”与“信任”。当然，新数字货币的“去中心化”并非是严格意义上的、100%的去中心化，而是将某一部分主动权放下去。严格意义上的“去中心化”

是另一个极端，如果信任完全被分解，或许会令系统完全失效或失控。那么，我们应该如何看待新数字货币的这种“分散信任”的管理方法呢？

新数字货币的“去中心化”其实与央行完全交出“铸币权”是不同的。这种“去中心化”的方式其实更像是将其中一部分容易引发金融阴谋的权力交给大家去监督。也就是说，这种“去中心化”更像是一种思维模式，它能够让人们产生一种理念：全民所有制。借助这种“全民共有”的方式，表面上分散下去的信任也将归于一致，具有一种“形散而神不散”的意境。

以“Ripple”支付为例，它也是目前比较火的数字货币之一。Ripple 是一种类似哈瓦那网络（民间的一种外汇交易方式）式的数字支付协议。这种协议其实就是一种“信任分散”的构架协议，它可以让汇款人拥有“执行代理人”的权限，从而使汇款人在这次交易过程中扮演一个重要角色。

除此之外，Ripple 还提供了一条完整的“信任交易链条”，这条信任链的一端为执行代理人，而另一端则是另外一个企图接受交易的执行代理人。Ripple 只是在这个链条中提供了 Ripple 币，每一个环节只需要执行代理人将交易物资替换成 Ripple 币或者将 Ripple 币兑换成交易物资即可。Ripple 提供了一个信任中介，而交易两端则分别享受了信任服务，保证了交易天平不会发生倾斜。当然 Ripple 交易也会收取一定的手续费，但是这个费用比传统跨境转账费用低很多，而且 Ripple 的算法可以让交易双方在最短的时间内完成。

需要补充一句：笔者并不是鼓吹 Ripple 或者替 Ripple 进行商业宣传，此例旨在阐述“分散信任”这一数字支付新模式。

说到人们对“中心化”的不信任，其实还是对人的不信任。中心化管理模式往往通过人力运行，然后通过人力进行调控，于是人们常常会将“暗箱操作”“腐败”“恶意做空”等词汇与“中心化”联想起来。对“去中心化”的信任，其实是源自对“区块链”这种数字代码的信任。虽然这种数字代码也可以人为改写，但是操作人员往往要付出极大代价！区块链的技术核心其实就是解决“去中心化”后的信任问题。

当然这种“信任机制”的完善不会在一天之内完成，也不是完全靠“去中心化”才能实现。随着P2P技术的应用和数字货币系统的高速发展，信任机制就成了解决安全和效率问题的重要方式。与此同时，只有将信任交还给交易人，才能保障交易的顺利完成。信任的分散是数字货币的最大特色，只有真正做到“诚信”，才能使这份“信任”得以充分实现。

|Chapter 6|

数字货币的价值系统

颠覆传统的“去中心化”

有这样一个故事，某城市一个曾经从事互联网行业的年轻人打算开一家饭馆，但是他手头比较紧，如果想要实现自己的愿望，以他一个人的财力是无法实现的。就在这时，有人给他提出一个建议：众筹。

众筹其实就是由发起人发起、多人共同参与集资。不久之后，这个年轻人写好项目企划书，发起了众筹。许多他的朋友、校友得知他的想法和做法后，纷纷入股成了这家饭店的股东。在另外99个股东的参与下，饭店终于开张了。

这家饭店最大的特色不是它的菜品和服务，而是它的管理模式。这个年轻人与另外99个人的股份数量一样多，也就是说100个股东都要对这家饭店负责，但是他们却没有“一票否决权”。看上去，这完全是一种“民主”化管理，周一张三、周二李四、周五王二麻子……更令人奇怪的是，这些股东们并没有直接参与管理这家饭店，而是将其交给了一个专业的餐饮服务团队，股东们只是参与拉客、宣传、后期分红而已。

这种民主却不直接参与管理的方式其实就是“去中心化”，就好像民主投票选举一样，没有谁说了算，也不存在一言堂。“中心化”与“去中心化”其实也就是专制与民主的区别。现如今，互联网高速发展，各种平台的开放都有着一个“民主”的诉求，而每一个诉求又代表着一个完整的个体。

我们再去了解一下网络数字货币“去中心化”的概念：互联网中分布着无数个节点，节点与节点又会形成一种非线性的因果结构，而且这个结构是开放的、扁平的、平等的。每一个节点又是相对独立、高度自治的，但是这些节点却不能影响到全局，只能影响到相互关联的“邻居”之间的关系。从这一点上我们可以大胆预测：“去中心化”有可能代表着未来意识形态的走向，从集权走向分权的趋势。

以 WEB2.0 为例，现在的互联网已经成为一个大众平台，过去那些网站管理者几乎只是提供技术服务而已。而 WEB2.0 与 WEB1.0 相比更加平等、自由、开放，更像是一个“去中心化”的平台。在这个平台上，大家可以任意表述自己的观点，也可以做任何一件自己想做的事情。比如现在十分火爆的微博，每个人都可以申请注册微博账号，每个人都可以在微博上表达自己的看法，且不限次数和数量。而通过所有人的参与，诸如微博、脸书、推特等这样的平台才会逐渐壮大、发展并继续完善。

言归正传，继续讲货币。传统的货币，是由央行发行的货币，央行具有绝对的铸币权、发行权以及定价权。简单来说就是一切都是央行说了算，其他部门、其他人说了不算——这种货币管理模式是完全意义上的“中心化”。以传统货币建立起来的体系，目前来看还是以某种特定货币如美元为基准的货币体系。美元体系的建立一方面说明美国的政治、经济的影响力大；另一方面也揭示了强权与传统货币的关系，即货币与货币之间、国与国之间存在一种差异和不平等。倘若一旦引发世界范围内的货币战争，那么作为弱小一方势必受到严重损害。

首先，“去中心化”算是一个网络新名词，它的出现给那些“货币和平者”们带来了希望。以比特币为首的新数字货币，并不是人工合成的，是靠人的算力从浩瀚的互联网大洋中挖掘出来的。每一个电子货币都有一串数字代码，每一个代码都不同，而且无法复制、无法删除。也就是说：只要你把它挖了出来，就再也无法销毁。当然这类数字货币数量是有限的，你想要得到这类货币，可以通过两个途径：①交易；②弄个“矿工资格证”自己去挖。这类货币人人都可以去挖掘和交易，并不是由某个央行所控制发行的。

其次，“去中心化”的数字货币的交易是由处于扁平化、平等化的各个节点直接参与的，并不是由一个“专制”工具暗自操控。于是，那些“货币和平者”认为，这种流通于全球网络的货币完全可以充当一种具有法定汇率并参与货币体系构架的货币，一则充当“中立货币”防止货币战争，二则防止货币发行方进行恶意操控。不过就目前而言，“去中心化”的数字货币在“信用”等方面仍面临着诸多博弈，在短时间内是不可能实现的。

以现在来说，想要做到完全“去中心化”几乎是不可能的！以数字货币为例，这些数字货币看上去是靠算力，也就是完全凭一己之力“发行”的，但是互联网这个平台却并非人们想象的那样完全公开化。“去中心化”其实更像是一种手段，而不是终极目标。这些开放的互联网平台通常是打着一种“去中心化”的幌子让人们体验一种所谓的“男女主角”的感觉而已。各个平台或者数字货币平台之间的博弈更像是“一统江湖”前的表演。事实上，任何一种分权都是为了集权而准备的。言外之意，“去中心化”只是有别于传统的“中心化”，它的开放、平等也是时代所赋予的，是基于互联网而出现的一种“中心化”的改进版本。

科技仍在不断进步，毫无疑问会出现更多的新兴货币。与此同时，互联网的开放使得人们越来越追求个性化、公平化，这也迫使传统的“垄断专制”式的管理模式要进行变革。人们需要“去中心化”，但是这种“去中心化”并不是绝对的，它似乎更像是一种可以增添人性化的优势技术，或者是一种让杠杆保持平衡、体系更加公平的金融工具……而这一点就如同著名经济学家罗伯特·希勒所认为的那样：金融民主才能创造好社会！

“物以稀为贵”的特殊游戏规则

“物以稀为贵”是一种价值标准，如果在有使用价值的情况下，稀缺的资源一定是昂贵的。黄金白银为什么具有天生货币的属性呢？其实就是物以稀为贵，且具有易于分割、化学属性稳定、可以长久保存等属性。从经济学角度来看，数量极少、供小于求，必然会有一个昂贵价格。葛洪《抱朴子·明本》中说：“然物以少者为贵，多者为贱。”鲁迅先生在《藤野先生》中也如此写道：“大概是物以稀为贵吧，北京的大白菜运往浙江，便用红头绳系住菜根，倒挂在水果店头，尊为胶菜。”物以稀为贵的东西不仅仅只有金银，还有现在常常提到的数字货币。

按理说除金银之外货币似乎都可以无限复制，比如纸币，因为印刷成本低廉，其印刷数量只是以国家信用作为控制依据。但是当金融危机来临、国家信用得不到保障的情况下可能就会超发，从而引发货币贬值。但是数字货币有所不同，从技术层面上讲，是不能无限制获取到的。以比特币为例，比特币的获取是用中本聪的算法从互联网中“挖取”的，这种算法需要“矿工”有很强的算力，根据中本聪的计算，地球上最多也就 2100 万个比特币。可以说，比特币的数量甚至比黄金、钻石还要稀缺。话又说回来，值钱的东西一定稀缺，稀缺的东西不一定值钱……那么以比特币为首的数字货币值钱吗？

严格意义上讲，目前以比特币为主的数字货币还不能称之为货币，或者说它还没有被官方承认。从这个层面上说，数字货币的“稀缺性”是缺乏一定受众面的。但是，如果以货币发展的趋势来看，数字货币必然会取代传统货币，成为一种法定货币。在这样的条件下，数字货币的价值必然会像黄金白银一样！

举个例子，以目前来看，全世界的货币储量约为 60 万亿美元。也就是说，如果在不爆发金融危机、不发生通货膨胀的情况下，60 万亿美元就是整个人类世界的财富。倘若比特币成为法定通用的数字货币，那么 2100 万比特币的总价值也相当于 60 万亿美元，一枚比特币的价值相当于 300 万美元。换句话说，你花一枚比特币就可以在京城的三环里购买一套房子。除此之外，比特币的流通速度极快，甚至比传统货币快上 N 倍。流通速度的加快，也使得参与流通的总货币数量增多，币值也会相应下降。但是不管怎样，比特币都是值钱的。

土豆网的联合创始人 Marc van der Chijs 也是一个疯狂的比特币粉

丝，他曾经做过这样的计算：如果比特币取代西联汇款地位，其币值可达 880 美元；如果取代了 PayPal 的地位，其币值将高达 1950 美元；如果取代了 1% 的黄金储备，那么它的币值可高达 8000 美元。

比 Marc van der Chijs 更加激进的还有著名风投公司安德森霍洛维茨的合伙人之一克里斯·迪克森，他曾经对比特币的支付系统大加赞赏，他认为比特币甚至比传统的 PayPal 和西联汇款都要出色，而且效率更高、费用更低。要知道，每年接近 5000 亿美元的手续费几乎接近美国一年的军费开支。换句话说，如果这套支付系统完全交给比特币（或许可以降低一半的手续费），那么它的价值是相当可观的。除此之外，比特币的平台是十分有价值的，区块链不仅仅可以用在数字货币身上，还可以开发其他的服务类平台。

然而，《*The Magazine*》杂志主编格伦·弗雷施曼曾经这样公开评论比特币，他说，比特币简直是披着高科技外衣的糟糕货币系统。在不同人眼里，数字货币是一个争议很大的货币，围绕它的话题有很多，但最根本的还是“数量与价值”是否对等这一焦点。

不管怎样，比特币等数字货币的出现，有着一定的价值所在。这个价值似乎与数字货币的“稀缺数量”关系不大，最关键的是其所构建的平台。在许多投资家的眼里，科技代表着财富，数字货币平台恰恰具备这种“创富”的潜能。再看看克里斯·迪克森对这一新生事物的评价：对于这些看上去很糟糕的初创产品，或许会令你大吃一惊。或许你会想，好的创意难道不是一定会有好结果吗？事实上，当所有的财力、物力集中到一个地方，那么它就很容易被实现了！当然创意并非“趋炎附势”，而是在不经意间被发现的。

就像中本聪发现比特币的算法那样，任何一种形式的数字货币都有自己独有的算法。比如2100万个比特币是按照“中本聪算法”得到的，比特币有可能按照其他算力可以得到4200万个，以此类推……这样的算法可以无限开发，每一个算法又代表着一座金矿。也就是说，如果你是一个厉害的码农，说不定也可以创造属于自己的比特币。

其实数字货币给我们带来的不仅仅是一种新货币，而是一种新思维、新理念。瑞士银行亚太区首席技术官史蒂芬斯曾说：“两年前，各家银行都把重心放在比特币上，他们担心比特币的发展前景，因为觉得这是危险的，并且对银行如何与比特币进行业务合作感到手足无措，一晃几年过去了，银行对块状链的重视是有目共睹的……”言外之意，如果银行拥有了“块状链”技术，是摆脱“传统”桎梏的好方法。

如今，许多境外银行或者风投公司都在盯着那些开发数字货币的天才们的一举一动，倘若时机成熟便着手收购或者投资。还有一些投资者致力于新比特币生态系统的开发与完善，利用这种“物以稀为贵”的游戏规则创造出巨大财富。当然也不排除有一些短期投机者，对投资人连哄带骗，恶意欺诈！

那么数字货币到底价值几何，它是不是符合数量与价值的“正比关系”呢？现在下结论为时尚早，一切还在路上。

与互联网同步的金融工具

与其说数字货币是一种货币，倒不如说数字货币更像是一种互联网金融工具。数字货币更像是一个支付交易平台，它提供的新颖思路是目前被提及次数最多的。

举个例子，一个人给外地客户汇款，由于款项数额比较大，通常情况下他只有以下几种做法：一、直接通过银行汇款，但是还要支付一笔数额不小的手续费；二、直接打"飞的"到对方所在地办理现金或者支票；三、通过传统的 Internet 进行多次的小额转账。换句话说，如果有更新、更先进的平台，恐怕这个人未必选择这些麻烦、花钱多且效率低的交易平台。那么，传统的支付交易平台究竟存在什么问题呢？

其一，交易不方便

金属货币之所以能够取代自然货币，最根本的理由就是携带方便。后来，纸币比金属货币方便，电子货币又比纸币方便。可以看出，方便是最重要的前提。数字货币显然是一种架构在互联网的货币形式，它几乎可以跟网络对等，与互联网的传播速度一样快。传统平台则不然，通常情况下，人们要面对面现金支付或者用 EMS 将承兑汇票寄出去，如果面额较大、交易距离远，恐怕还真得要坐飞机。

其二，交易不安全

举个例子，你拿着一大包钱外出交易，一旦被哪个坏人盯上，说不定就有被抢劫的危险。除此之外，密码被盗也是常见的犯罪之一，那些高智商犯罪者完全可以从ATM机上获取你的密码。当然还存在另外一种“奇葩”，用快递寄出去的承兑汇票在半路丢失。这无数种“不安全”因素都可能给交易带来隐患。

其三，缺少大额交易平台

现在基于互联网的支付平台确实有不少，但是大多数对交易次数、交易数额有限制。比如微信支付、支付宝等，虽然交易速度也很快，但是针对“巨款”只能采用多次支付。如果交易次数增多，中间也会产生较多的开支，所以显得也很不划算。

高速发展的互联网，对传统货币的支付平台早已经提出了挑战。只有技术更先进、控制力更强、流通速度更快、交易密码不易被盗取、交易成本更低的新型货币才能够做到这一切。而新数字货币就具备这些特点，尤其在互联网两端所展现出来的优势更是传统货币所无法比拟的。依笔者看来，数字货币较传统支付形式有三大优势。

优势一，没有第三方中介的交易平台。

目前大多数互联网交易是借助第三方信用平台进行的交易，第三方信用平台其实就是银行。比方说支付宝，支付宝作为交易平台它的合作伙伴就是各大银行。银行为它提供了“信用”平台，支付宝仅仅提供了一个支付功能。但是这种交易方式基本是“单向”的，或者说是完全为了买卖一方，而不是对等的。新数字货币有所不同，它是一种靠密码学原理为基础的支付系统，而这种系统不需要借助第三方平台。除此之外，这个平台两端是交互的，购物者不仅仅可以买东西，而且还方便退货。

优势二，点对点的交易模式。

举个最简单的例子，过去我们给对方汇款，往往要去银行或者邮局办理转账手续或者填写汇款单，当款到后对方取款，依旧也要跑银行……也就是说，传统的汇款方式是“点—银行—点”的这种交易方式。不管怎样，你都绕不开银行。但是新数字货币系统是一种借助互联网的“点—点”的交易方式。这种方式最大的特点就是借助点对点分布式的“时间戳服务器”来完成，“时间戳服务器”其实就是给区块形成的完整交易数据盖上时间。这种“区块链”链条给交易两端同时提供了交易保障，所以说新数字货币的交易平台是安全的。倘若觉得它不安全，也可以通过引进第三方信用权威进行解决。

优势三，支付与记账完全同步。

有个故事：我的一个朋友，他一直在某公司从事财务工作，公司所有的往来账目他都要记录。以过去传统交易为例，来一笔现金，通常是现金和货物发票一起入账，但是这种账往往不是同一个时间发生的，记录起来十分烦琐，而且经常有遗漏的情况出现。后来，电子转账成为主流。电子货币交易似乎比传统模式好多了，每一笔账都会有一个记录，如果按照这个记录再去整理往来账目，效率要快很多。不过我的朋友时常抱怨：“为什么就没有一种支付与记账同步的软件或者平台呢？既可以提高工作效率，而且也不会出现‘漏账’等错误！”

数字货币是一种严格意义上通过点对点技术实现支付与记账同步的交易系统，它的交易完全可以不借助第三方平台。当然目前数字货币交易系统还面临诸多问题，相信后来者能将其逐一改善，从而实现“互联网与货币”的结合。

所有权专属的数字加密

我们常常在想，什么才是严格意义上自我所属的“财产”呢？亲情、爱情、友情还是房子、存款和名声？事实上，没有人可以说明白哪些是属于自己且永恒的东西，因为大多数都会随时间消逝、历史变迁、社会变革等因素而离开你。人权？倘若你不是死刑犯，在没有被剥夺政治权利的情况下或许将伴随你的终身。还有一个东西可以做到——数字货币。

数字货币其实也是一种加密货币，这种“加密”是在“密码学”和P2P的结合下实现的。当然借助“密码”的数字货币似乎看上去更加安全可靠，就像锁具加装了密码一样，其中比特币是世界上第一个加密的数字货币。目前世界上有很多种加密数字货币，这些数字货币还有一个共同的特点：专属所有权。

讲个故事：在美国，有一个名叫史蒂芬的商人。他驰骋商场几十年，终于拥有了他想要的一切：金钱、收藏品、股票、黄金、海边别墅、固定资产。在外人看来，史蒂芬是一个成功人士，他拥有了别人梦寐以求的一切。

后来金融危机来了，像其他商人一样，史蒂芬作出了许多选择，卖黄金、抛售股票等。但是金融危机严重到超出了他的想象，他持有的股票严重缩水，固定资产也难以出售。与此同时，他赖以生存的公司也面临资金链断裂、即将破产的局面。史蒂芬为此十分感慨："除了自己的身体，恐怕任何一样物品都有失去的危险……"事实上真正的"专属所有权"恐怕也只有人权这一项了，但是没有了物质和精神生活，人权又算得了什么？

金融海啸逐渐退却，史蒂芬看上去老了很多。最为悲惨的是，他几乎身无分文，股票被掏空、公司也因资金链问题而破产，甚至连海边别墅也被银行拿走了！史蒂芬的遭遇似乎在告诉我们一个道理：钱乃身外物，能花则花。

有人或许会有疑问：任何货币不是都有所有权吗？难道其他货币会凭空蒸发掉？在回答这个疑问前，我们先来回顾下"货币"的定义，即货币是指在交易过程中充当一般等价物的特殊商品。言外之意，货币只是一种工具。有经济学家说："人们需要货币，不是需要货币作为特定商品，而是把它作为交换媒介。"这样一说，大家可能就会恍然大悟了，人们对货币的所有权仅仅是使用权而已。以纸币为例，纸币除了充当货币符号外，恐怕就是一堆废纸。

解释完以上这个问题，第二个问题又冒出来了：数字货币与传统货币还有其他不同之处吗？数字货币作为货币的类型之一，它肯定具有普通货币所具备的一切特点和功能，但同时还拥有一些传统货币所不具备的特色。

美国国税局的一个官员曾经这样评价数字货币："它是一种货币，但更像是一种'资产'！"可以说，他简明扼要地阐述了货币与资产的关系。从广义上讲，货币也是一种资产，货币资产实际上指的是手上的钱、债权和应收账款、票据等。不过这里说的资产是一种带引号的资产，更像是某种"固定资产"，而非可流动的资产。

严格来说，数字货币更像是"矿工们"通过辛勤挖矿而得到的"宝贝"，这个宝贝从本质上讲就属于固定的个人资产。这种宝贝与辛苦工作获取的酬劳又有不同之处。也就是说，矿工是靠"个人算力"获取了数字货币的所有权，与此同时，互联网中的某一个"区块"也就完全属于该矿工。举个例子，你在美国花钱买了一块地，这块地皮将永久归于你，你拥有它的所有权，还拥有它的开发权。数字货币也是如此，只要你拥有了一把打开密码的"钥匙"，那么它将永远属于你，而且在"加密"的条件下很难被别人盗取。与此同时，这个货币会永远存在于自己的"区块"中，而不是银行或者信托公司。换句话说，还是放在自己"地头儿"里踏实。而传统货币，要么存在银行，要么如纸币般慢慢遭受着空气以及时间的侵蚀。

相信通过这样的解释，估计大家都听得懂了，所谓的"专属所有权"其实就是只有自己一个人可以打开，就像加密的电脑文件一样。你可以通过挖矿获得数字货币，也可以通过交易获得数字货币，总之，每一次"挖掘"或者"交易"都存在一个单独的区块里。而这个区块是一个"加密"区块，也就是数字货币的保险箱。事实上，它只能由你自己打开。或许它存在被盗取的可能，但是这种可能性极小，除非盗窃者是“百年一遇”的电脑奇才。传统货币则没有这么安全，账户有可能被“黑”，普通保险柜密码也很容易被破译，因此，不安全的第三方存储环境是传统货币亟待解决的。

作为人们所期待的货币，数字货币也存在一定的缺陷。有统计数据显示，大多数比特币从诞生之日起并未参与流通，而是直接流入了某些特定账户，而极少数参与流通的比特币，80% 都是投机行为。据此来看，目前的数字货币还没有“能力”挑起货币责任的重担。除此之外，在无力肩负货币职能的情况下，“专属所有权”还仅仅只是一种游戏而已。而交易波动巨大的数字货币，又是对这种权利的藐视。数字货币并不像某些固定资产那样“保值”，而只是被放大了它的某些优点。

不过我们也要常常变换视角，难道这种“专属所有权”有害吗？如果单纯讨论这个方面，完全可以看到它的优势和益处。如果我们的法定货币具有这样的私人权限，那一定是货币史上的重大革命！

51%“挖矿”游戏玩法

记得几年前有一个小游戏叫“黄金矿工”，这个小游戏一度风靡全世界，让很多游戏者体验了一把挖矿的快感。黄金矿工仅仅是一个小游戏，但是挡不住的是人们追求财富的梦想。

在笔者看来，数字货币确实更像是一个“游戏”。这个游戏难度比“黄金矿工”大得多，非专业人士很难去驾驭。举个例子，高空杂技演员是从小培养起来的，当他的平衡力、技巧、心理素质到达一定高度，就可以挑战各种高难度极限了。

再说个例子，一个人要想在股东大会上取得主动权，不是靠你的说辞、你的理由、你富丽堂皇的表演和拉帮结派的本领，而是靠你的股份大小。你的股份越多，说话的分量也就越重。当你的股份超过50%，那么你也就是这个公司的实际拥有者和操纵者。事实上，当你拥有了超过50%的股份，也就拥有了公司的完全决策权和控制能力。

数字货币的游戏规则大体与之相仿，只不过它的控制力是靠“算力”得来的。一旦你拥有了51%的算力，那么数字货币中所有的交易账单都将有你的话语权。当你拥有了51%的算力，就像拥有了一个公司超过50%的股份，这种情形下，你可以做这些事：

一、修改自己的交易记录

对于那些后悔做过交易的人而言，修改交易记录将会梦想成真。当然他的权力并非无限扩大，他并不能修改别人的交易记录。这也有点像开股东大会，虽然你有一票否决权，但是却不能随意将一个股东踢出局。

二、有权阻止区块内的交易

既有能力反悔自己做错的事，而且也能阻止这类事情的发生。是不是有点儿像导弹的火控系统？事实上，拥有了这样的算力，你的速度、能力都已技高一筹，能做出这样的事情实在不算什么。

三、阻止其他“矿工”开采有效区块

还是用一个例子说明，如果你是某公司的大股东，拥有 51% 的公司股份，事实上也就有公司的完全掌控能力。此时有人想要进入公司，动你的奶酪，那么你是完全可以阻止的。在没有你的允许下，外人只能“远观而不可亵玩”。事实上，当你拥有了 51% 的算力，那么这座“矿山”的开发权将只属于你，其他人无从下手。

事实上一个人想要拥有 51% 的算力是很难的，这不仅仅需要时间和精力，关键还有中间过程中所消耗的金钱数额。有数据显示，全网算力按 100P 计算，矿机目前最低价约为 8600 元每 T，那么总费用是 51p×1024T×8600 元/T=449126400 元。当然这仅仅是算力的耗费，还不算其他耗材。因此，除非你是一个穷得只剩下钱的疯子，否则不会有人犯这种傻!

可能有人会质疑，拥有了这样的算力，不就拥有了足够数量的数字货币了吗?

其实不然! 即便如此，数字货币的数量不会凭空产生，也不会无限制增加。而且做出 51% 的攻击后，数字货币的币值也会大幅下降，很难通过出售数字货币来平衡支出。除此之外，即便你是公司的大股东，你也无权将别人的股份轻易占为己有或者将原本不属于自己的股份卖给别人。51% 的游戏规则并不是“独裁者”的游戏规则，而是“区块链”技术所赋予的一种魅力。笔者认为，与其防止 51% 的攻击，倒不如解决“双花”问题。所谓“双花”，其实是双重支付的意思。用两倍的钱买同一

样东西，肯定谁也不乐意。但是在数字货币的支付系统中，就会出现这样的问题。

2013年，一个名为“GHash.IO”的矿池发现某博彩网站的数字货币支付系统存在这样的问题。也就是说，本来是博彩网站，“双花”问题让此网站变成了诈骗网站。更令人费解的是，平时看上去难以被“黑”的系统竟然被人找到了漏洞。这个漏洞发生在另外一个名为“Eligius”的矿池中，黑客利用这个漏洞制造了一个虚假交易的双重支付，也就是将一笔交易分成了两个地址。不过后来“丑事”败露，那个靠漏洞诈骗钱的员工也被开除了。

风波虽然结束，但是各种疑问却接踵而来。比如，如何才能防止“双花”？针对这一漏洞，开发者应该怎么去应对？经过开发者深入研究后发现，这个漏洞并不是无法解决，如果将版本统一更新，这个漏洞就不见了。换句话说，版本的差异是产生这次“小灾难”的缘由。除此之外，拥有超过51%的算力也可以制造出“双花”的局面。

此时，也有人认为，只有集中全网51%的算力，才能从根本上解决这种“双花”问题。这听上去是一种“以其人之道还治其人之身”的做法。2013年，那个名为“GHash.IO”的矿池就曾设法召集全网51%的算力进行整合。在众人眼里，这样做的目的显然不是防止什么漏洞，而是想要“独裁”，控制数字货币交易。

这件事在数字货币世界里是一件大事，有种“大独裁者”即将登台前的感觉。美国康奈尔大学的两名经济学者曾经发出如下感慨：如果形成51%的合力，那么将会导致数字货币的交易被控制或者终止。不管你如何等待，钱永远也不会是你的。除此之外，他们还可以索要高额的交易手续费，之后再进行交易。换句话说，数字货币银行将会控制在“GHash・IO”的手里。

不过这样的担忧似乎又有些过了。俗话说，个人打个人的算盘。那些数字货币的拥有者，他们一方面担心自己的财富打水漂；另一方面则担心“GHash.IO”在里面要手段。而那些从事风投的人，他们认为51% 的算力会导致数字货币贬值，从而失去风投意义。不久之后，那些本打算跟着“GHash.IO”行走江湖的人纷纷从矿池中撤了出来，搬到了其他矿池里，“GHash.IO”的份额也从临界值回落到三分之一。

故事就这么结束了。数字货币系统的初心是“去中心化”，但是当51% 的算力集中在一个人或者集团手里时，无疑又将变回“中心化”。如此一来，数字货币的平台也将失去意义。不过话又说回来，这样的事情恐怕也只能发生在“疯子”的世界里，仅此而已！

|Chapter 7|

数字货币的运作系统

开源：数字货币的诞生

植物离不开土壤，鱼儿离不开水。世间万事万物皆有其“培养基”。没有平白无故产生的事物，更没有突如其来的变革。每一种新事物的出现，通常需要时间的积累。货币也是如此，人类社会是货币诞生的土壤，随着人类社会的发展，货币也发生了翻天覆地的变化。

现如今，互联网的高速推进已经将人类带入了数字时代。数字时代下，又诞生了许多新生事物，比如数字电视、超级电脑、网络游戏、虚拟社交平台，这里面当然也包括数字货币。数字货币的出现，完全是人类创造互联网的结果。除此之外，数字货币系统是用一套软件开发出来的，或者说数字货币更像是一个互联网应用程序，它是由一群码农基于“数字代码”设计出来的。

数字货币的“培养基”是一个开源软件。所谓“开源”，言外之意就是所有代码均是公开透明的，任何人都可以用这些“开源代码”创造属于自己的软件。举个例子，现在流行度最高、运行最平稳的当数苹果系统，苹果系统其实也是由一群码农研发出来的。但是与“开源软件”不同，苹果系统的程序编码完全是不透明的。试想，如果苹果系统的程序编码完全开源了，地球上就会出现N多山寨苹果系统，最终会导致苹果公司的竞争力下降。苹果公司当然没有那么傻，微软也是如此！他们既要保证程序代码不被泄露，又要申请知识产权的保护。

我们再来看看安卓系统，安卓系统是基于 Linux 而出现的。大家应该都知道，Linux 系统是一个开源系统，任何人都可以借助这个平台创造、设计产品，其中最著名的就是安卓。安卓系统作为一个“开源”系统，就像一片面积巨大且肥沃的黑土地，在这片黑土地里，人们可以任意耕种，生产开发基于安卓系统的各种软件和 APP。人们不但可以从中赚到钱，而且还可以丰富安卓平台。但是安卓公司为了得到一定的控制力，其系统并非是完全开源的，它的底层代码 AOSP 是开源的，可以免费公开使用，但是其效能套件代码 GMS 是闭源的，要花钱购买才行。当然这也不能怪安卓公司太小气，只能说“知识就是金钱”。

当然任何开源系统都是由闭源开始的，原因在于，一个程序在诞生之前，存在很多漏洞，而漏洞多了就容易遭到攻击。于是程序员都会在后台入口设上一把锁，进去之前要输入密码。

举个例子，一个功夫高手在练成绝世神功之前往往都要“闭关”修炼一阵子。程序员也是如此，除非这个程序完全稳定了，他才有可能从“密码门”里面走出来。当这个程序完全可以成为一种商品时，它可以通过两种途径获利：一、付费购买版权；二、技术转让。当然也不排除有那种“雷锋叔叔”，他可以告诉你：“小朋友，这个我可以免费送给你，希望你好好对待它哦……”或许中本聪就是那个“雷锋叔叔”，作为一个日本萌大叔，其实他更想通过这种方式吸引志同道合的人与他一起进入数字货币的世界。

讲一个故事：有一个厨师，他的爷爷曾经在皇宫御膳房工作，死后留给他一本御膳房的菜谱。这本菜谱上记载的菜品几乎都是宫廷菜品，市面上几乎已经失传了。起初，这个厨师打算自己当宝贝留着，谁也不传。但是过了一年又一年，这个厨师也已经步入花甲，眼瞅着宫廷菜品即将要“绝迹”了！就在这时，一次美食晚宴上，另外一个美食家当着全部人的面公开传授一项烹饪绝学，大家无不赞叹。这个美食家对大家说：“我不想做那个自私鬼，更不想把美好的事物带进坟墓！”言毕，大家响起了热烈的掌声。

这件事对厨师的触动很大，与其带进坟墓，倒不如提前公开……而后，他拿着这本宫廷菜谱找到了某出版社，打算将这本菜谱完全公开。

“开源”的好处其实有多个方面，其一，开放的平台可以引发共鸣，与此同时也带动了平台的“繁荣”；其二，“开源”与“闭源”相比，其实也是对其本身稳定性和可靠性的一种展示，因为“开源”程序往往不担心被人攻击或者利用；其三，在IT世界里，数字货币的开源系统到目前为止并没有人提出异议，因为开源化的土壤将世界各地的“矿工”集合在了一起。

当然这也是中本聪们的聪明之处，在他们看来：数字货币的平台已经是“神仙”级别的了，根本无须拴上密码锁。除此之外，依照算力而得到的数字货币的数量本来就十分有限，而且越到最后，越是难以挖掘……只能借众人合力才能完全获取出来，这样则更需要平台的完全开放。另外，数字货币系统是一个新新系统，推广并且让人接受这样的系统是非常难的。而疯狂的广告轰炸、制作插入式微电影等，不仅开支巨大而且还不一定能够让人接受。中本聪们的另外一个创意就是发个邀请函，大家一起玩“挖矿”游戏。只有参与的人越来越多，这个平台似乎才有成功的可能性。

我们回到文章的开头，用一句圣经《创世纪》里的话说：“起初神创造了天地，地是空虚混沌，渊面黑暗，神的灵运行在水面上……神就照着自己的形象造人，乃是照着他的形象造男造女。”而有基督信仰的一群年轻人，他们以同样的方式开源程序代码，让这个曾经“混沌黑暗”的土壤有了生机，这更像是一种延续。

不管怎样，数字货币的今天恰恰是源于开放的平台和开源的代码。如果没有开源，也就没有更多人参与，亦将没有新的革命式的支付系统。

挖矿：如何获取数字货币

货币到底是怎么来的呢？是上天所赐还是某某人发明出来的呢？人类历史太过久远，恐怕没有人可以回答上来。

原始社会，人们以物换物，货币其实就是大自然所赐予的实实在在的东西，比如肉类、毛皮、贝壳，人们日常所能得到的都可以是“货币”。后来人类进步了，发现了金属，又学会了冶炼，金属货币逐渐取代了自然货币。金属货币是用金属铸造出来的，它有一个刻模、铸模、浇铸、脱模的过程，加工工艺并不复杂，估计没有上过学的人也可以学会。再后来，人们发明了纸张和印刷术，然后就有人建议把“钱”印到纸上去。经过一代又一代的演变，名副其实的“钞票”也就出现了。早期的纸币印刷是相当简单的，只是不能随便印。后来的纸币就有了一定的科技含量，比如添加水印、防伪标记等，纸张本身也属于一种科技含量较高的载体……总之传统货币的获取方式并不复杂，甚至人人都可以伪造。只不过“伪造”是一件犯法的事，只有法定的货币发行机构才能合法印制。

人类一直在进步，进步之后又会诞生许多发明，比如汽车、飞机、高铁、电脑、手机等，货币也是如此。随着科技的发展，电子货币出现了，电子货币就是将个人账户和银行信息放进一张卡里，然后人们可以拿着这张卡到处消费。随后有一种更先进的货币，这一种甚至是完全没有形体的，只是以一串符号的形式存在于互联网虚拟世界中，这种货币就是数字货币。数字货币虽然带着数字，但是此数字并非阿拉伯数字中的 123，而是一串复杂的字母数字组合。如果单独择出来，恐怕没有人能够看懂。想要得到这一串“字符”，恐怕只能靠资深的电脑工程师了。

回到 2008 年，日本人中本聪应该是一个对传统货币极度“失望”的人，于是他利用自己对密码学的认知以及电脑的操作能力研发出了一种极具个人特色的算法：中本聪算法。他认为，如果按照他的这种算法，就可以从互联网上得到一串复杂的符号，这串符号是通过人们“消耗算力”得到的，完全可以充当货币使用。不仅如此，人人都可以借助开源平台和算法来“挖掘”这种货币，但这种货币的数量十分有限。

那时并没有多少人注意中本聪的言论，甚至大多数银行家还把他当成神经病。2009 年，中本聪在一个名为“创始区块”中挖出了 50 个比特币（其实就是 50 串字符），跨时代的数字货币终于诞生了。中本聪不仅亲自实践，而且还起到了模板作用。后来，人们把这种获取方式称为“挖矿”，只不过这种“挖矿”是一种形象称呼，数字货币实际上是被“码”出来的。

自从中本聪挖出50枚藏匿于互联网之中的宝贝后，许多追随者也开始学着挖。他们认为，当今经济世风日下，好的赚钱渠道都已经被垄断，唯有当个勤劳的“矿工”，才能一点一点积累起财富。最初，每十分钟就可以挖到50个比特币，以这样的速度下去，恐怕很快就被挖完了。事实上，当人们挖到1050万个的时候，难度竟陡然加大，以至于付出同样的时间和精力后却最多只能挖到之前的一半，而且越到最后越难挖，简直有点“挑战极限”的感觉。据说截止到现在，还有数以百万的比特币没有被挖掘出来。如果要全部挖完，似乎要到2040年。其实大家已经知道数字货币是如何得到的了，只是想要得到它，必须苦学电脑编程。

像中本聪这样挖掘到数字货币的人还有很多，只不过他们拥有的数量有限。想要拥有更多数量的比特币，只有两个途径：①交易；②借助超级电脑增加算力（也就是挖掘能力）。目前来看，大多数人愿意选择超级电脑这台“挖掘机”自己去挖。

专门用来挖掘数字货币的“超级电脑”在业界还有一个奇葩名字，叫“矿机”。当然此“矿机”非彼“矿机”。传统的矿机只是一种机械设备，被煤矿、铁矿之类的矿场所用，这里说的“矿机”是那种运行速度快、可以提高算力的电脑，借助它可以挖掘到更多的数字货币。这样的“矿机”在普通人眼里绝对是发烧级别的，价格也从一万到数万不等。当然这样的专业设备，也配备了专业挖矿芯片，且电脑主板也是加强版的抗烧型号，只要一启动，就像一匹脱缰的野马。

世界上最早出现的专业“矿机”是中国制造的，它的名字叫“ASICMINER”，译为“烤猫”。“烤猫”出现后，迅速博得了众“矿工”们的芳心，随之“烤猫”脱销，商业价值暴涨50倍。拥有了“烤猫”，就如同拥有了一把锋利无比的铁铲，矿工们兴奋异常，纷纷丢掉了曾经的陈旧、落后设备。这听上去似乎真的像是“矿工挖矿”，或者更像是一群发烧友打“网络游戏”。

事实上，数字货币就是这么“奇葩”，很难用一个合适的词去形容，或者它完全超出了想象。现在，世界上一共出现过几十款“矿机”，这些矿机有的已经被淘汰，有的还在战场上战斗。以“烤猫”为例，最初的“疯狂”造就了最终的“灭亡”，据说“烤猫”彻底变“死猫”，甚至“烤猫”的总裁也已经在“人间消逝”。不管怎样，数字货币不仅仅多了许多拥趸，而且还造就了“矿机”产业，确实是一个奇迹。

数字货币的获取方式与传统货币的获取方式已经有了大不同，这种特殊的获取方式也有其显著特点：①无法造假；②完全打破了垄断发行；③只存在于互联网中。数字货币是一种高科技产物，甚至是一种新的货币形式，它的出现不仅仅是社会的进步，更是人类货币史上的巨大突破！相信这种靠“挖矿”得到的“数字黄金”一定会像真实的黄金那样发光发亮，价值连城！

钱包：将数字货币埋在自家“院子”里

古往今来，货币都是以“宝贝”一样的形式存在。甚至可以说，含在嘴里怕化了，放在手里怕丢了！以前经常看到有老太太去菜市场买菜，把钱放进一个手帕里，手帕包了一层又一层，恨不得把钱直接粘在手帕上。

钱确实是个好东西，好东西自然就要有个“设备”进行存放。原始社会，自然货币虽然不精致，但是诸如贝壳之类的货币也会用一根绳子穿起来，然后挂在腰间随身携带。后来有了铜钱，那就更不用说了，直接从“钱眼儿”里穿过，别在腰间或者塞进专门缝制的钱袋。后来有了纸币，也就有了各式钱包。传统钱包也曾风靡一时，甚至许多奢侈品品牌也设计了许多款钱包，比如 LV、宝缇嘉、爱马仕等，钱包其实就是装钱的设备，其目的是为了防止丢钱。电子货币时代，钱都是以卡的形式存在，于是卡包也就诞生了。

有一个发生在我身上的故事：十多年前，我曾经坐火车去异地，因为携带了一些比较重要的证件，就连同现金一起放在一个新购买的钱夹里。将钱和证件放进钱夹这件事，几乎人人都这样做。当然，通常情况下，人们都会把钱包放进裤兜里，甚至有些人还在裤兜上面别一根别针。

临上火车之前，我去了一趟卫生间。但是万万没有想到，钱包竟然被盗。钱包被盗是小事，关键钱包里还有钱、身份证、银行卡等。这一丢不仅寸步难行，而且还耽误了工作。后来我通过相关部门补办了证件，但是“丢钱包”这件事却让我一直耿耿于怀！其实这种事每天都在发生，只不过悲剧的主角不同而已。

不难看出，在实物货币时代，钱包同样也是实物。但是这种实物，往往因为其脆弱的物理特性而容易丢失或者损毁，即使价格高、做工精致、品牌优秀的钱包也是如此。

或许有人问，难道就没有更加安全的存放货币的办法了吗？当然有！假如你实在不放心，完全可以把钱存在银行里。但问题来了：你可以零存，但必须整取；很安全，但是又极其不方便。那么还有一个“古人”的办法，将钱埋在自家后院，或者封入泥坛。可话又说回来，现如今有几个国人拥有带有“后院”的豪宅？其实，不管你怎样存放，都是有风险的。

直到数字货币出现了。数字货币是一种“完全没有肉体，但是却有灵魂”的货币。平时这种货币只在互联网上流通，存放数字货币的钱包自然也就没有物理属性了。那么存放数字货币的钱包又是什么样子的呢？打个简单的比方，数字货币是由一串字母数字组成，也就是这串字符拥有特别的价值。但是这串字符有一个特点，一旦被“挖掘”出之后就不会被改变，也就是说，它不会被人为损毁，只会被人为盗窃。那么事情就变得简单多了，如果设置一个存放文件夹，然后再在这个文件夹上设上私人密码，问题也就解决了。所以说，数字货币的钱包，其实就是一个设定私匙的文件夹而已。

数字货币的钱包类型也有很多，就像传统钱夹有牛皮的、人造革的、牛仔布或者刺绣的等一样。但是钱包就是钱包，功能是一样的，都是为了提高安全性，防止钱被偷。

冷钱包，与这个“冷”相对的就是“热”。其实“冷”并不是指的温度，而是一种技术，这种“冷”技术是一种客户端。人们往往通过下载或者安装在自己的手机或者电脑后，直接用于交易。传统的“冷钱包”还需要有一个外置 UKEY 类的东西，每当发生一次交易都必须将外置

UKEY 插入，然后输入相关密码，类似于网银 U 盾，但是这项技术很快就被新型的“冷钱包”淘汰了。新的“冷钱包”不再需要“配件”，而且还可以与传统的手机“热钱包”一起用，同时安全系数也有了较大提高。

在线钱包，这种钱包一目了然，就是安装在服务器上的一种私匙，或者说，这种钱包有点类似于论坛的登录窗口。不过这种钱包很容易遭到黑客攻击而导致私匙泄露，尤其是那些设定了简单密码的用户。这就要求用户在使用在线钱包时，一定要选择数字 + 字母的组合密码，越复杂的密码就越难被破译。

链下钱包，这个钱包似乎与“链”关系密切，实则却无任何必要联系。链下钱包严格来说不能算是“私人钱包”，它更像是“交易所”。这种钱包没有密码，是一种完全意义上的中心化交易模式。不过用户们不用担心，这种钱包表面看上去没有密码，其实密码是以一种第三方安全协议的形式存在的。这种钱包的安全性比较强，只是交易的时候在“区块链”上完成而已。

多重签名钱包，这个看上去似乎很安全，“多重签名”似乎就像在一扇门上面安装了多把锁。事实上，它也是如此。这种钱包通常将一个多重签名的地址作为钱包地址，想要用钱就必须同时拥有两把打开密码的钥匙。即使这样，这样的钱包依旧存在安全隐患。倘若你弄丢其中一把钥匙，交易就无法进行了。当然后来这样的“钱包”又有了 2.0 升级版本，成功地解决了这个难题。

纸钱包，难道是用纸做的？当然这只是个玩笑而已，纸钱包其实是一串打印在热敏纸上的密码而已，而这串密码就是数字货币的字符。以比特币为例，比特币是由 50 多个字母 + 数字组合而成的，如果不是数字记忆天才，很难将这么长的一串毫无规律可言的字符记住。事实上，这种钱包的安全系数也很高，只要打印环境是安全的，那必然也不会被盗。

不管货币怎么变，其实钱包永远只是用来帮你装钱的。只不过安全系数高、便于携带、应用方便的钱包才是未来钱包的发展方向。当然需要提醒的是：数字货币乃高科技产物，其钱包亦是如此，如果你还是数字货币的门外汉，切勿因好奇而轻易尝试，否则风险自担。

平台：数字货币的交易

陀思妥耶夫斯基曾经说过一句话：金钱是被锻造出来的自由。黄金帝国，金钱似乎是无所不能的。它可以稳定国际局势，可以改变一个国家的命脉。对个人而言，没有钱寸步难行。货币作为一种金钱符号，是五千年的人类发展、社会形成的重要推动力。可以说没有钱，就没有贸易，没有贸易也就没有现在繁荣的商业金融圈。

传统的货币只有一个“中心化”的发行机构，这个机构一般就是央行。央行发行货币，规定货币的币值、数量和汇率，然后再通过各级分行分散到各个地区。老百姓用钱上银行，公司发工资的钱也是从银行里流出来的。但是有一点需要解释一下：货币只是一般等价物，并不具备商业价值，尤其是信用货币时代，货币就是价值符号，没有商品属性。所以说，货币与货币之间不存在“交易”的可能性，只是不同的货币可以在一定的汇率下进行自由兑换而已。黄金、白银可以是一种商品，但是直接作为货币，它又缺乏流通的基础。就在这个时候，数字货币来了……数字货币似乎已经突破了“货币不是商品”这一真理，作为一种流行于互联网但却具有“商业价值”的新兴货币，它正在改变着人们对货币的认识。

美国人格雷斯·格罗布是一家数字货币交易平台的创始人，他认为数字货币完全就是“大宗商品”，换句话说，就像股票和期货一样，可以被用于交易。还有人认为，数字货币既有货币属性，又兼备商品价值。另外一家币交所创始人马克·兰姆也如是说：“宁愿数字货币被认为是一种大宗商品，因为对商品的规管是最少的！”从他们的话语中不难看出，数字货币像一个“双面娇娃”，它不仅仅可以用来买比萨饼，而且还可以用美金购买。

既然是一种商品，那么就会有购买这种商品的地方。买菜去菜市场，买雪花膏去日用品商店，买桶装水去水行，买衣服去服装店，买股票去证券交易所……数字货币作为一种可以交易的商品，它也有自己的交易场所。目前来看，数字货币的交易都是基于 P2P 的公开平台进行的，也就是说数字货币交易是一种虚拟交易，完全在互联网上进行。数字货币的交易平台有点像网络游戏的登录窗口，需要你下载一个与之相关的 APP 或者客户端，或者直接找网站的登录窗口进行交易。

手机交易平台：比如某数字货币在线交易网站有一个数字货币交易 OS 软件，这个软件的客户端可以一种手机 APP 的形式下载到手机桌面上。这种手机交易平台，易于携带，便于操作，只要能找到一个地方上网就可以进行交易。这种平台一般提供多种数字货币的交易，比如比特币、莱特币、狗狗币、元宝币等。

除此之外，这样的手机 APP 类似于炒股工具“同花顺”，你不仅可以看到各种数字货币的实时行情，而且还可以自由地进行买进卖出，在查询交易记录、及时监控个人资金状况上，也十分方便。这样的 APP 也要进行实名认证，绑定用户的个人信息，比如手机号、身份证、银行卡等。当然，这样的手机移动平台有好有坏，好处是携带方便、操作简单，坏的一面则是安全性能较差，容易遭到手机木马的攻击。

币交所：这个名字对于炒股的人来说是最熟悉不过的，相对于股票交易所而言，币交所与其有相似之处又有天壤之别。

首先我们来看，作为一种没有形状的商品，数字货币完全是一种虚拟的存在。而“虚拟产品”的交易往往就需要一个“虚拟交易”平台。因此，币交所也是虚拟的，与股票交易所的门庭若市相比，它只能通过网站浏览量和点击率反映出交易的火爆程度。

币交所属于一种在线交易平台，通常可以直接通过相关网站登录。其登录方式与 APP 客户端相同，需要一个用户名和密码。与 APP 相比，币交所的稳定性更好，安全性更高。除此之外，币交所提供的大数据更具有参考价值。当然，因为币交所类似于股票交易所，所以除了购买股票，还提供一定的理财咨询服务和相关的法律支持。

总而言之，币交所也是现在比较成熟的数字货币交易平台，较注重体验与互动，这或许是未来的发展方向。

如今，各种各样的数字货币交易平台层出不穷，有的屹立不倒，有的没玩几天就倒闭了，有的真实靠谱，有的是骗人陷阱……形形色色的交易平台如同社会大染缸，真真假假、虚虚实实只能靠自己的经验和知识进行判断。因为数字货币不是法定货币，更无法与股票证券相媲美，因此在监管方面，一直属于娘不亲爹不爱的“孩子”。而正因为缺乏监管，缺少国家法律依据支持，所以数字货币的交易依然属于“法律空白”。互联网金融乱象频频，也致使数字货币交易平台一直处于风口浪尖上。

话又说回来，数字货币是一种革命产物，其交易平台更是如此。平台的搭建不仅需要一群高科技人才，而且更需要有专业的法律人才、经济专家进行指导。事实上，数字货币作为一种货币，因其不可造假，且数量稳定，在国家管控的条件下完全可以充当法定货币。与此同时，它的稀缺性令其“贵如黄金”，甚至还有着商品的特性，即人们既可以用它来购买东西，充当一般等价物，又可以当作“股票”进行理财投资，充当大宗商品。

数字货币交易是一种互联网金融项目，虽然当下它被看作是“网络骗子的练兵场”，但是互联网的大潮才刚刚开始，亦是未来的发展趋势。当它被国家有力监管和整合之后，互联网金融的春天也就为期不远了。

线上线下：如何使用数字货币

过去人们购买物品从来不用担心钱如何去用，只会担心钱够不够花。简单来说，原始货币时期，货币可以是自然界的任何物品，你只要牵着抱着或者拿着它去交换自己的心仪物品就可以了。金属货币时期也是如此，拿一吊钱换一斤牛肉，即便是个傻子也懂得买。纸币更不用说了，我甚至没有听说过“如何使用纸币”这种说明书。言外之意，传统货币的使用方法是极其简单的，它并不需要解锁或者输入密码，而是“一手交钱一手交货”。当货币发展到数字货币时代，一切已发生了极大的变化。倘若你之前没有接触到数字货币，不了解它特殊的支付方式，那么你将无法使用，甚至是“有钱没法花”。

前面我们讲过了，数字货币更像是一种电脑游戏，它有一个登录窗口或者客户端，通过客户端登录到数字货币交易系统。每一个账号都有一组绑定的密码，当然密码只有你一个人知道。举个例子，就好比你把钱直接放进密码箱里一样，取钱的时候要输入密码打开密码箱，然后才能取钱。

进入账户之后，数字货币通常放在一个数字钱包里面。这个钱包其实就是一组密码，输入密码后，就能看到口袋里还剩下多少钱。数字钱包有点像加密文件，因为涉及个人财产和隐私，所以要有一串难以破译的密码进行保护。

讲个趣事，有一次我去银行办理业务，排队的人很多，其中有一个年逾花甲的老太太。轮到老太太办理业务了，工作人员问老太太：“阿姨，你办理什么业务？”

大概老太太耳朵背，几次后才听到：“我想取钱！”

“你打算取多少钱？”工作人员问。

“5000！”

“5000块钱不算多，您可以去旁边的自助取款机取款！”

于是老太太拿着银行卡来到自助取款机，但是她从来没有用过这种“先进”的设备，根本不知该如何下手。辗转几次后，老太太放弃从自助取款机取款，又返回来排队。

工作人员再次见到老太太也感觉纳闷，心里也犯了嘀咕，这到底是咋回事儿啊？于是问老太太："阿姨，你怎么又返回了？今天早晨刚刚在取款机里续了钱，里面还有钱呢！"

老太太回答："我不会用那玩意儿……"

对于一个老人而言，自助取款机已经算是"科技发明"了！她这个年代的人恐怕只能应对传统货币的传统花销，更别说先进的数字货币了！于是她重新回到窗口办理取款业务，但这应是她第一次来银行办理，之前可能都是她的儿子或者老伴。

工作人员开始给她办理，要求她输入密码："阿姨，请您输入自己的银行卡密码。"

老太太听力确实不好，她还反问："说密码？"

"是输入密码！"

接着，老太太竟然做出一件令人震惊又搞笑而尴尬的事："姑娘，我的密码是666666……"

这样的取款笑话虽然不多，但是也确确实实存在。密码是一种高科技产物，它的出现主要是为了保护钱包里的现金。与此同时，这种高科技产物也将许多老人拒之门外。以数字货币为例，数字货币是靠码农通过一系列的算法才得到的，获取方式甚至比编一个小程序还要难一百倍！这样的东西，那些学历低、错过互联网教育的人们怎么会使用呢？事实上，这种"错节"很难通过临场发挥去弥补，只能通过普及数字货币的使用流程去解决。如果我们打算尝试一下如何交易和使用，下面就讲一下它的大概流程。

一、登录账号

顾名思义，登录账号就是用自己的账号和密码登录一个下载的客户端或者在线网站的登录窗口。

二、找到交易中心

登录账号后我们就可以看到有一个“交易中心”，这个“交易中心”就相当于股票交易大厅，进入交易中心后，就可以购买心仪的数字货币了。购买数字货币的方式方法有点像买股票，你可以参考大盘的波动，在个人认为合理的价格上入手。此时你可以在交易中心里找到买入或者确认按钮，从而买下数字货币。

三、查看购买记录

当你完成一次交易后，就可以在购买记录中查询自己购买数字货币的时间、数量。除此之外，你还可以看到自己的“余额”。剩下的钱如果不用，就会永远保存在你的账户钱包里。如果想继续购买数字货币，还可以同时选择购买多个品种，这也类似于购买股票。不过数字货币与股票的不同之处在于：数字货币具有货币属性，可以直接充当一般等价物；股票则不能。

四、充值功能

这一点跟那些游戏网站一样，倘若你网游需要购买游戏币，那就找到交易中心的“充值”按钮。数字货币的“财务中心”界面与之相似，点开“财务中心”后就会进入充值界面。充值的方式主要有这么几种：①汇款；②支付宝或者第三方网上转账等。完成充值后，你就可以继续购买数字货币了。

五、卖出数字货币

作为一种特殊的“商品”，数字货币是可以自由买卖的，就像股票一样。人们通过低价买入、高价抛出来赚取中间的“利差”。那些投身于数字货币海洋的人中，也有许多人在此赚取了第一桶金。那么，应该如何完成一次数字货币的出售呢?

同样还是要点进“交易中心”，交易中心里有一个“卖出”按钮。这个按钮就是帮你抛售数字货币的。当你看到你之前购买的那种数字货币大幅度涨价了，你就可以点击“卖出”从而得到现金回报。倘若你觉得之前持有的数字货币还有继续回落的可能，也可以选择“割肉出仓”。除此之外，还有一些“矿工”直接拿着刚刚挖出来的数字货币进行交易，其操作方式是一样的。

其实数字货币的使用方法并不难，只要简单掌握了操作流程即可。数字货币交易平台的稳定性和安全性直接决定了交易是否顺利。因此，选择一个好的交易平台是参与数字货币交易的重中之重。

|Chapter 8|

数字货币的潜在风险

阻碍流通的价格波动

有一个故事：我的一位同学曾经是一个资深股民，炒股有十几年的时间。前些年，他在股市上牛了一把，赚了不少的钱，甚至还用赚的钱买了别墅，生活上有滋有味。他常常拍着自己的胸脯夸赞炒股："有胆量的人都会炒股票，没有胆量的才去存银行！"

股票虽然不错，但它并不是"天使"，或者说它是"一半天使一半魔鬼"！当它上涨的时候，"天使的面孔"让许多人赚得财富；当它下跌的时候，"魔鬼的相貌"又让许多人赔得很惨。我的这位同学也是如此，这几年他陆陆续续买了几只股票，但几乎清一色被套住了。股票似乎每时每刻都在波动，跌与涨都是一瞬间发生的事情。后来股票上涨，他终于解套出来，此时的他再也不会拍着胸脯说"有胆量的炒股，没有胆量的存银行"这句话了。

事实上，不仅仅只有股票，万事万物都在不停地"波动"，历史进程也非一条直线，而是一条曲线回转前行。如果在合理的范围内波动，事物将不会有变化；如果超出范围，那么问题也就出现了，比如近几年数字货币的交易价格，几乎如过山车般疯狂，从一枚数字货币兑换几美分，到一枚数字货币兑换几十美元，上下跌涨幅度几乎超出了珠穆朗玛峰和马里亚纳海沟之间的峰值……这种现象确实值得思考。

举个例子：近几年楼市价格一直走高，尤其在北上广等一线城市，甚至每年的涨幅超过10%。当然这种上涨幅度是有一定原因的，一线城市日益增多的外来人口与楼房的需求量一直成正比，但是在房市价格一路推高的过程中也在不断产生着泡沫。“泡沫”其实并不是坏东西，它更像是一种缓冲空间。但当这泡沫越来越多，甚至占据主导地位时，问题就严重了。那些常喜欢喝啤酒的人就会质疑：“一杯啤酒怎么只有沫没有酒啊？”高比例的经济虚化使得人们无法真实地判断出现实真相，于是一部分人继续购买房产推高房价；另一部分投资人则趁机继续通过银行和政府获得土地，无理性地任意扩建。经过长时间的运行，当人们发现泡沫即将破裂、无力承担上层建筑的时候，许多地区的房价出现腰斩式暴跌，甚至还有些城市或者新区竟然成了“鬼城”！

数字货币发展至今，一度经历了热血炒作与绝命逃离两个阶段，市场的不理智与巨大的价格波动几乎完全阻碍了数字货币的持续发展。这里面有人为因素，也有不可控的本质原因。

不同的人为因素会导致数字货币的暴涨或者暴跌，但是人为导致的“波动”往往是可控的，通常有以下几种人为因素。

其一，投资热度的变化

投资热度往往是导致价格波动的最主要因素。数字货币刚刚出现的时候，人们对其不熟悉，大多数人持观望态度，数字货币几乎没有任何价值。随着开发商及品种的增多，数字货币逐渐成为投资热点，其价值倍增，人们的投资热情也随之开始高升。但是数字货币的发展并未像人们预测的那样一路被看好，因为种种原因它一直不被政府或者央行认可，与此同时，平台的不稳定也导致这种投资热情开始降温。许多人认为，数字货币只是一种游戏，它根本没有任何投资价值！因为，投资热度的剧烈变化致使数字货币上下波动不停，甚至比股票的跳水幅度都要大，严重影响了其流动。

其二，投机和欺骗致使数字货币“信誉”受损

现在许多人谈“币”色变，原因在于数字货币成了一种新“骗局”！有人说：“数字货币完全是骗子的练兵场！”言外之意，许多制造者仅仅把数字货币当作一个噱头，其最终目的是圈更多无辜投资者的血汗钱。事实上，数字互联网金融发展至今，不计其数的平台最终沦为“金融诈骗”的基地。一方面，骗子利用了人们投资赚钱的心理；另一方面则是人们无法阻止的贪婪和欲望。有一个发生在我朋友身上的案例：几年前他购买某平台开发的数字货币，本来抱着发财的梦，结果却换来悲伤的心。数字货币本身并没有错，错在那些利用数字货币平台为众投资者编制噩梦的人！于是乎，越来越多的骗子和疯子挤进数字货币的大门，恨不得一天之内扫光所有人的钱包。名誉受损，价格贬值，数字货币彻底为坏人们背上了黑锅。

其三，开发商分散了数字货币的职能

奇思妙想是财富的起始，开发商努力将各种古怪的元素加入到数字货币中去，于是问题就出现了。其实货币的职能很简单，只是充当一般等价物。当它的职能被无限扩大，既可以充当货币，又可以用来投资赚钱，甚至还可以当作开发智商的游戏……换句话说，当一个演员在一个戏目中同时扮演多个角色时，势必会影响戏目的精彩程度。举个例子，如果在同一部电影中，成龙分别饰演警察、小偷、银行柜员、律师、路人甲、路人乙，恐怕这样的电影就没有人去看了。货币其实就是货币，数字货币也是如此，当它承担了过多的“角色”，便是生命无法承受之重！

除了可抗拒的人为因素，不可抗拒的非人为因素也有很多。“去中心化”作为数字货币的最大特点，确实让数字货币摆脱了中心化发行货币的桎梏，但是问题也就出现了。现今货币作为信用货币，“信用”是其价值的真正保障。如果没有央行或国家提供的信用，那么货币价值将会被打上问号。没有可靠的“信用”保证，单独陈述“去中心化”的优势，是一种“形而上学”的招式。除此之外，作为民间发行的货币，世界上尚无哪个国家在官方予以肯定过，言外之意，数字货币还不能算是真正意义上的货币，只能是“网络游戏币”。因此，名不正言不顺的数字货币必然会在流通上受到阻碍，影响其价格的上下波动。

万事万物都是在波动中变化着，数字货币也是如此。虽然它还不够完美，甚至还有一些“神经质”，但是不可否认，数字货币作为一种新力量正逐渐成为货币世界上的重要角色。相信随着时间的推移和科技的进步，数字货币的戏份会持续增加，最终成为一颗“耀眼的明星”。

忧心的安全存储问题

世界上任何一个地方都会存在安全隐患，不管是家里还是户外，还是人迹罕至的南极洲或者撒哈拉沙漠，安全问题始终伴随着人类，从出生到死亡。只不过有一些风险容易被忽略，而有一些隐患却容易被放大。

举个例子：我的邻居老李，曾是一名国家安全员，他在某国企一直负责安全工作。说实话，他几乎天天与“跑冒滴漏”等打交道，而且什么话题都会绕到安全问题上来。比如他前不久来我家做客，先是去厨房看了看煤气管道和煤气开关，他摇摇头说：“你应该定时检测并更换密封圈，要不然很容易泄漏……全国上下因为煤气泄漏死亡的人数是相当多的！”他说得没有错，只不过这种风险容易被忽略而已。后来他又看了看供电线路的走向，也提出了许多建议。作为一名安全员，保证安全就是他的工作。

不过我的这个老邻居也遇到了一件事情，他之前去某地方办理业务，复印了一张身份证复印件，结果这张身份证复印件以及其他生活信息被人盗走了，导致他的一张银行卡不知不觉被人划走了三万块钱。虽然他是一名安全员，但是面对这样的金融风险，也“大意失荆州”。换句话说，风险无处不在，这样的风险或许并不是“实实在在”的风险，因此有时候很难引起注意，即使是国家安全员。

自古以来，货币就是贵重的物品，只不过在实物货币时代，这样的风险容易被控制。比如在原始社会，人们都是以物易物，只要你牵好手中的羊防止它走丢，风险就会降到最低。在金属货币时代，主要的隐患是被盗或者丢失，解决这样的问题并不困难，用绳子将铜钱穿起来并系在裤腰带上，风险也就降低了。在纸币时代亦是如此，除了防止被盗被抢，还要防止纸币的破损，当然自从有了钱包之后，问题就解决了一半。

实物货币时代的交易风险也是容易控制的，因为是一手交钱一手交货，风险顶多只有四种：①货到手不给钱；②钱到手不给货；③钱是假钱；④货是假货。这看上去像一个笑话，只是说明这样的风险是可控的，且是很难发生的。传统货币时代的交易几乎都是“实物”与“实物”的交换，一个手中有钱，另一个手中有货，还要担心什么呢？

数字货币有所不同，因为它完全是虚拟的，看不见摸不着，只能凭空想象。正因为这种视力触不到的地方，才更容易滋生风险。

不久之前，某比特币交易平台因为交易火爆一度出现卡顿。这样的卡顿似乎就像是游戏卡顿一样，如果网速恢复正常或者服务器调试到位，卡顿的问题就迎刃而解了。当大家还在等待数据恢复、比特币价格上涨时，有人发话了：“我充的钱怎么还没有到账？”

如果说这仅仅是个个案，那么或许还能迷信，认为此用户是因“人品”出问题而遭到了报应。但是这样的个案一个接着一个，有的人是充值到不了账，有的则是无法提现。就在这时，这个名为“Bitcoinica”的平台出大事了，有一个黑客成功入侵了“Bitcoinica”这个平台，并盗取了价值高达 23 万美金的比特币。不久之后，另外一个名为“Bitfloor”的平台也被盗走了价值高达 25 万美金的比特币……这一系列事件一下子将数字货币交易平台推到了风口浪尖。

有人说：“如果盗窃案发生在某一个人的家中，大家顶多对被盗者深表同情；如果盗窃案发生在银行，那么担心的则是所有的银行用户！”事实上也是如此，每一个平台就像是一个银行，每一个“银行”下面捆绑了无数个用户，若平台能被黑客轻而易举地攻击，则它的可信度和安全度已经低到极致。

目前，大概有三个方面威胁着数字货币的安全：首先是平台自身缺陷；其次是在线钱包账户的安全隐患；最后一个就是黑客。

平台自身缺陷所引起的风险是最大的风险。虽然数字货币与交易平台是两套完全不相关的系统，但是数字货币交易平台是数字货币的门户，许多用户的个人信息都绑定在这个平台上。如果这个平台设计不合理或者存在漏洞和缺陷，很容易被一些木马侵入。除此之外，还有一些虚假交易平台，这些平台也就是纯粹意义上的“钓鱼网站”，一旦登录，后果不堪设想！为了避免这等问题，应该选择一个公信力及知名度都高的数字货币交易平台。这样的平台往往有着完整的建设、维护团队，会定期“查缺补漏”预防黑客入侵。

在线钱包的安全隐患也是目前最严重的问题之一。因为在线钱包的私匙并不像数字货币那样拥有 50 位以上的数字加字母组合，通常只有 8~16 位，有的支付密码甚至只有 6 位。这样问题就出现了。那些学过密码学的人，如果能凭借算力一举挖到数字货币，那么破译普通密码更不在话下。也就是说，普通密码有时候并不能有效保证存储安全。笔者看来，要想尽可能避免这个问题，应该定期对钱包数据进行备份，并且使用离线钱包。

还有一个不安全因素：黑客。黑客遍布整个互联网世界，只要有网络就会有黑客。黑客的背后往往是一个人或者一个团队，这些人通过黑客程序远程控制或入侵在线数字平台从而牟取利益。除此之外，互联网公司恶意竞争、相互拆台也会采用黑客攻击的方式进行报复。但是不管怎样，黑客的存在使得各种网络信息都变得不安全。我们能够做的就是安装杀毒软件，定期维护自己的电脑，再就是只能双手合十祈求老天爷：求求你，别让黑客出现在我身边。

安全问题是忧心的，各种漏洞更是揪心。人无完人，数字货币和它所在平台亦是如此。但既然我们生在这样的互联网时代，就应该以极大的耐心给它改进的空间，而不是极力地去挖苦嘲笑担忧。

捉摸不透的交易乱象

有人说："没有规矩不成方圆，没有集权管理就很容易失控。"这话虽然有些绝对，但是仔细想一想也是有道理的。所谓的"乱象"往往是没有约束力的集中表现，或者是一种"故意"的行为。

社会学家经常讲到社会乱象，引发社会混乱的原因往往有如下几个：①个人需求得不到满足。简单来说，如果人们肚子饿，且又吃不上饭，久而久之就会因饥饿而引发"粮食运动"。②社会需求得不到满足。举个例子，孩子到了学龄期但是解决不了求学的问题；人老丧失劳动力却没有应有的社会保障。这些一方面是社会资源匮乏导致，另一方面则是社会制度不健全，或者覆盖面有限造成的。③环境需求得不到满足。如果一个国家或地区硝烟不断，那么人们的生存环境就会面临极大的威胁。

社会乱象只是一个大的表象，实则是由无数个乱象组成的。我们所讲的货币，从诞生到现在，也经历了无数乱象，比如货币贬值、不讲信用的信用货币、汇率高低起伏波动不断等。数字货币也是如此，表面上科技无限，实则在交易过程中充满了各种漩涡。

讲个故事：有一个大学老师，是个业余技术宅，最近几年他开始疯狂地痴迷数字货币。在他看来，数字货币技术是一项伟大的挑战。除此之外，他开始一点一点地购买数字货币，他经常说："毫无疑问，数字货币藏着巨大的风险，但是巨大风险就代表着巨大的回报。"

不久之后，这个大学老师已不满足于现状，他打算全身心投入到"数字货币"的海洋中。通过一些途径他找到了几个志同道合的技术伙伴，而后注册了一个"矿场"。大学老师摇身一变成为"矿主"，有股"弃教从商"的霸气。

最初的一段时间，他确实从"矿场"里挖出来一些"金子"，而且"金子"的交易也比较顺利。到了后来，"金子"价格大幅下跌，"矿场"里的资源似乎突然之间也枯竭了。这可把"矿主"愁坏了！现如今，"矿场"的产出量还不够支付它的房租，甚至连吃饭都成了问题。无奈之下，"矿主"只好宣布"永久封矿"。

这个故事只是一个发生在现实里普通而又普遍的案例，但是这个案例却给了我们两个答案。

其一，数字货币价格的乱象

数字货币作为一种“去中心化”的互联网货币类型，一经上市就被政府和央行泼了一盆冷水。“去中心化”在传统发行的货币面前简直就是“反骨”。言外之意，没有央行的“信用”，货币仅仅是一堆废纸，或者毫无用途的乱码而已。事实证明，没有“保护伞”的数字货币确实问题多多。

举个例子：上海有一个投资人，曾经叱咤股市十多年，赚下百万家底。经人介绍转身投资数字货币，起初的甜头似乎让他忘掉了投资风险。于是他疯狂追加，几乎将辛苦攒下的家业全部扔了进去。令他万万没有想到的是，后来数字货币疯狂贬值，竟然折损70%。百万“豪宅”一夜之间只剩下一间“厕所”，该投资人到了几近自杀的边缘。

数字货币虽然是一种数量有限、靠算力赚取的劳动所得，但是这种价值似乎并没有被广泛认可。换句话说，它没有货币的普世价值，更像是某些人追捧的“商品”。许多人把它当成一种投资理财的工具，还有一些人借助它的平台实现“黄金矿工”的梦想。事实上“追求”它并没有错，问题在于它的“价值”更像是某网络游戏里的道具，并没有直接转化成现金的能力。

许多投机者为了从数字货币的矿山中攫取巨额财富，一边煽风点火，一边恶意哄抬数字货币价格。当数字货币达到他们心理的“峰值”时，便一下子放空数字货币的矿池，导致价格狂跌。那些无辜的投资者成了受害者，甚至许多无辜的数字货币平台也成了替罪羊。

除此之外，我国在2013年还下发了一个《关于防范比特币风险的通知》，此通知一出，立刻引发多家数字平台的震荡。许多人预感不妙，纷纷从里面撤资，资金池被抽空，数字货币价格再次暴跌。换句话说，数字货币的乱象其实就是许多人共同出演的一场戏，也可以说是人祸。

其二，缺乏监管引起的乱象

就像之前所说，没有规矩不成方圆，没有法律只靠道德是无法约束人的底线的。数字货币非雾里看花、水中望月，而是没人监管、混沌一片。

目前，数字货币平台的支付方式几乎为清一色的向平台开发商个人账户转账，银行或者支付宝第三方平台几乎断绝了与各数字货币平台的往来。可以看出，数字货币平台是根本不被官方所认可的。尽管如此，还是有许多人趋之若鹜、争抢着进入这一领域。

有数据显示，近几年数字货币创业区发生的并购越来越多，从2012年到现在，全世界一共有50起融资并购案，其中有16起交易所并购案、8起矿场并购案、4起钱包并购案、3起区块链并购案，以及19起数字货币相关区域并购和融资案。

通过这些数据可以折射出一个现象，许多国家和地区虽然不支持数字货币平台，但是也没有出台相关的法律法规政策去控制，这也是导致数字货币混乱的主要社会原因。

数字货币虽然发展较快，但是在我国还属于新生事物，而新生事物只有通过时间论证后才能推出具体的相关政策。也就是说，目前我们对数字货币产业的发展并无实际门槛。

除了我国，邻国日本也仅仅是有计划地将数字货币纳入类似“贵金属”品类的交易范畴，除此并无特别法律法规。欧美其他国家在数字货币监管领域也大多止于“纸面”，页面之下却没有实质进展。

数字货币的“乱”不仅仅是价之乱，而且还是人之乱，社会之乱。它的乱虽然是个表象，但也影响了致力于新兴货币研发团队的信心。笔者相信，这种“乱”可以通过相关政策平息，更可以通过“治理”与“整改”使数字货币重新焕发生命力。

尚未成熟的信任体系

信任是什么？信任其实是一种依赖关系，如果你认为对方是一个诚实、守信、正直的人，那么就有可能建立这种“信任关系”。松下幸之助曾说过：“信任是无穷的力量，也是无形的财富。”

下面就讲讲经营之神松下幸之助的故事。20世纪20年代，松下幸之助的“松下帝国”刚刚步入正轨，但是在他看来，成功只是时间问题。松下公司想要进一步扩展，除了要不断创新外，还有一件事非常重要：建立一个有凝聚力的团队。想要让一个公司上下拧成一股绳，除了必要的管理，信任与授权是必不可少的。只有让员工有归属感，才能从根本上形成合力。

1922年，松下幸之助28岁。正是这一年松下公司如同一匹“脱缰野马”般从日本的众行业中杀了出来，种类繁多的新产品，比如电子管、真空管、收音机、电熨斗等纷纷上市，一度占据了日本电器的半壁江山。然而比这更重要的是，松下幸之助有了一个新想法：与员工建立信任，与公司一起生长。正是因为这一“信任体系”的建立，松下的员工更加卖力工作了。

不久之后，松下幸之助成了日本最年轻的有钱人。在他六十年的职业生涯里，“信任”是最重要、闪光点最多的一个词。换句话说，信任是万事之基础，放在科技发展的今天依旧如此。

再举一个例子，前几年炒股的人很多，我的一个朋友也打算投入股市赚点经验和钱。我朋友的一个战友，曾经在证券公司工作，也算是半个资深的“圈内人”。凭着多年的交情，我这个朋友打算将钱交给他的战友帮忙打理，他的战友也当着他的面拍着胸脯承诺：“绝对会有好的收益。”

我的朋友因“股票”与战友达成了一种信任关系。然一旦这种信任关系建立起来，也就成了一种“风险”共同体。信任一方不仅仅要面临被“伤害”的风险，被信任一方也要承担“风险”所带来的后果。

我们再来看看信任在这个例子中的作用。

我的朋友完全不懂股票，但是依旧相信他的战友，这一点足以说明信任突破了许多知识、技术的范畴，更是一种情感方面的认知。当他信任你，也就信任你所去做的任何一件事，而不会时刻盯着“平台是否牢靠”“朋友是否下了圈套”等方面。

除此之外，信任是一种“利益共同体”。因为信任，两个起初不相关的个体才能结合到一块。我的朋友炒股是为了赚钱，而他的战友帮他操作股票可能也有两方面的原因：其一，从中抽成；其二，加强这种信任关系。在这次合作中“战友”的身份也起到了至关重要的作用，这个身份就像是一张名片，一种信用保证，就如同银行这张信用名片，我们敢于把所有的存款都交给它看管一样。后来我的朋友在股市上赚了一笔，他的这种信任也最终转化成了利益，他的战友同样也达到了自己的预期，这是一个皆大欢喜的结局。

让我们重新回到数字货币的世界，就会发现：在这里，“信任”还高挂空中，并未与之相契合，而这种无法建立信任的原因大概有三个。

一、与传统平台相比，新平台的理念还不被接受

人们对传统货币的认识就是现在手里正在使用的钞票，这种钞票是“活生生”的，被实实在在地抓在手里。俗话说：攥在手里的是钱，没有攥在手里的就不算。事实说明，人们对传统货币的流通、存储，抑或进行交易都还保有一种惯性思维。这种传统的、根深蒂固的思维很难在短时间内被消除。

数字货币是一种无形的货币，对许多人而言它或许还仅仅是一个“符号”，一种“科技产品”，与货币不能划等号。数字货币的开发者往往在介绍数字货币的过程中，常常会使用一些奇葩的专业词汇，而大多数人根本听不懂或者无法接受这种东西。

除此之外，传统的货币平台历经了数世纪的风风雨雨，早已经是一个成熟的、稳定的平台。数字货币是近几年才出现的，换句话说某航空公司刚刚制造出一款飞行器，又会有几个人选择去尝试乘坐呢？人们对未知的“风险”没有任何准备，也就不会轻易选择将自己辛辛苦苦赚来的钱交给一个不知根不知底的平台了……

二、去中心化没有信用屏障

货币之所以称之为货币，是因为它有信用基础。也就是说，如果一个国家或者央行提供了这种“信用”，那么它就是完全可靠的。数字货币有些不同，它不需要发行单位，只是靠某种算法而得到的。换句话说，它的发行根本不需要国家或者央行提供“信用”。

但若这样问题就出现了！中心化的货币政策虽然是一种政府统治手段，然而不得不说，国家的信用是超越个人或者某台计算机所提供的保障的，即使是世界上最高明的算法，也不能与之相比。数字货币需要面对这样的现实：算法是算法，信用是信用，算法与信用难以划上等号，至少目前是这样的局面。

需要提醒的是现在大多数人都不是“技术宅”，他们不会在夕阳西下的时候，在某咖啡厅喝着咖啡讨论数字货币的未来技术发展，他们只会讨论，手里的钱是存进银行还是用来购买股票或者不动产。他们不相信“去中心化”是一件好事，反而觉得“国家信用”才是最可靠的。

三、暴涨暴跌下缺乏调控杠杆

数字货币自从诞生那天起，就像一个过山车。从诞生初期的分文不值到中期的身价暴涨，而后又如同一名精神病人般时好时坏，暴跌暴涨。你似乎永远看不透它下一步会以怎样的面孔出现。曾经无数的数字货币拥趸，以狂热的激情迷恋着它，不幸的是数字货币并没有让他们得到应有的对待，而是令大多数人伤了心。

许多人并没有从数字货币上取得回报，反而成全了许多投机者和骗子。更令人悲催的是，至今还没有一个可以调控数字货币的杠杆，它更像是一个“任性”的孩子。难道人们能够将信任交给一个任性的、毫无定性的孩子吗？这显然是不切合实际的。

在许多人眼里，数字货币就是一种“炒作工具”、一种“网络游戏”。倘若仅仅以一种游戏的心态去对待它，或许更容易接受。

当然不被信任的数字货币还有一些其他问题，比如漏洞、黑客攻击等，它的缺陷和不稳定导致人们对它失去了信任。但是话又说回来，任何一种新生事物的发展都会经历由陌生到熟悉、从不被接受到完全信任的过程。所以我们要用一颗包容心对待数字货币，或许未来它将会以新的面貌示人。

踩在红线上的法律风险

讲一个故事：有一位老师，前几年他工作一直十分顺利。后来在朋友的拉拢下，接触到了直销行业。直销在国内发展的时间并不长，作为一种新模式，直销确实有无尽的潜力。这位老师经过几堂课的学习后，也全身心投入到“直销行业”里。

在我们国家，直销行业算是一个比较敏感的行业。许多人利用“直销”模式逐渐发展成“传销”，还有些人利用法律空白打擦边球，几乎是踩着法律红线来来去去。

这位老师也是如此，为了自己的“金钱梦”，废寝忘食地发展自己的“下线”，可谓是用心良苦。不久之后，他有了一个属于自己的团队，这个团队人员构成复杂，几乎来自不同的行业，他们的结合完全是因为“利益”。但是有一点必须强调：我国颁发的直销牌照十分有限，这也导致许多直销企业常常会越过法律雷池。换句话说，数字货币也是如此，它没有法律的外套，甚至没有哪个国家认可它。

数字货币是一项新生事物，许多人为了追求“新”而放弃旧。这种“喜新厌旧”的模式并未引起道德上的波澜，而是引发了一场“革命”。换句话说，数字货币作为一种新兴事物，它还在面临着诸多问题。

一、数字货币是否具备“货币”效力仍然待定

在日本，数字货币被认定为“商品”，作为商品，它可以进行交易。在美国，数字货币只有在极端可能的条件下才能充当货币，但几乎没有人用数字货币进行商品结算。在中国，数字货币还只是一种“理财产品”，许多人通过平台购买数字货币，就如同去证券公司购买股票一样。如此看来，数字货币尚不具备货币属性，更像是互联网游戏币。

还有一点，数字货币的发行单位在民间。也就是说，它并非央行所造，更没有在央行“备案”，它是完全意义上的野路子，根本不被官方所承认。

就像一个人在自己家里用模板印钞票，这样的“伪钞”也只能“过家家”用。

古往今来，货币都是由国家发行的，它的币值汇率也是国家所定。狭义上讲，货币是钱，是钞票，人人都可以拿来买东西；广义上讲，货币是一种金融工具，可以用来充当金融“杠杆”。它既有“私人”功能，又有“国家”职能。货币只有通过国家或央行控制，成为“中心化货币”，才有可能两翼齐飞。而数字货币仅仅只具备“私人”功能，并不能充当国家金融杠杆。

二、数字货币的“信用”问题

这是一个老生常谈的问题，“信用”就像是货币的防伪标记，没有“信用”它只能是一张废纸。数字货币是完全去中心化的，而且它的生成也不依赖于国家和银行的信用。时下还是信用货币时代，没有信用的货币也不能称之为货币，最多只能是一种商品。

有个案例：不久之前有个退休高管在朋友的推荐下，通过某数字货币平台购买了一些比特币。之所以选择购买比特币，是因为考虑到它的稀缺，常言道：物以稀为贵，但未必是真理。虽然比特币十分稀缺，但是它不能代替黄金。不管怎样，这位退休高管买了不少数字货币，也希望能够从里面大赚一笔。事实上抱有这种“赚钱”目的的人非常多，并不是拿数字货币充当货币来购买东西。对于这一点，许多人的内心都是非常清楚的，只是彼此心照不宣而已。

这位退休高管购买了价值约几十万的比特币，但万万没有想到不到两个月的时间里，这些比特币的价格就大幅度跳水，其跳水姿态优雅、难度系数大，堪称奥运会冠军级表现。这一下子简直让他完全“懵懂”了。于是他找到那个朋友：“这是怎么回事？怎么跌得这么厉害？”朋友也是丈二和尚摸不着头脑：“我也不清楚啊，我也亏了几十万在里面了！”两个人彼此大眼瞪小眼，眼巴巴地看着自己的钱被套在里面。换句话说，如果这位高管用钱炒外汇的话，恐怕也不至于沦落到如此地步。

事实上，没有“信用”做保证，数字货币的风险是极大的。暴涨与暴跌是两种极端，这两个极端恰恰经常性地出现在数字货币的交易里。这不仅是可怕的，甚至可以说是一种灾难。于是有人说：“你相信它，但是它却不能给你带来任何承诺，事实上，它更像是一个骗子！”

三、没有监管导致“漏洞”频现

与其说是“漏洞”，倒不如说是人为造成的。前不久，一起数字货币诈骗案刚刚落下帷幕，但是今天又出现了无数类似的平台，有种“野火烧不尽，春风吹又生”的感觉。我们在感慨它顽强生命力的同时，偶尔也会唏嘘：这样漏洞百出的数字货币平台，为什么没有被监管起来呢？

其一，平台的隐秘性太高是“监管不到”的重要因素。

举个例子，倘若有人天天玩“躲猫猫”的游戏，恐怕你也没有办法。因为你很难找到他的藏匿地点，更没有那么多的精力和资金去陪他玩这种无聊的游戏。换句话说，数字货币平台在玩躲猫猫，但是它的影响力实在有限，有时候不值得消耗大量社会资源去寻找它、打击它。

其二，地方管辖的无奈。

数字货币犯罪基本有两种：一种是数字货币账户被盗；另一种是交

易平台诈骗。虽然都是犯罪行为，但是对于“数字货币”这种身份特殊的东西而言，许多地方的执法部门都感到无奈。数字货币的交易通常发生在互联网上，既没有固定地点，也不受空间和时间上的限制，甚至还有很多交易是“跨境”交易。于是，地方执法部门对这种“流窜犯”心有余而力不足。

数字货币发展到今天，曾几度坎坷，也总有一些会触及法律的漏洞。有些人借助数字货币平台诈骗，也有人进行“洗钱”，其他利用数字货币犯罪的人还有很多，甚至屡禁不止。依笔者来看，只有当法律完善、平台被监控到视野范围内，这样的问题才可能会大幅度减少。

“山寨币”和“屌丝币”层出不穷

有一个笑话：一哥们儿在某旅游景点旅游，玩累了打算坐下来休息休息，吃点东西。然后他看到一饮料摊，说：“大兄弟，来瓶矿泉水吧！”小商贩就顺手给他拿了一瓶。当这哥们儿喝完之后，发现这矿泉水有问题。他仔细一看，这矿泉水不是娃哈哈，而是“娃娃哈”！山寨矿泉水也就罢了，然后他吃了两个果冻，发现果冻不是喜之郎的，而是“喜一郎”！甚至连旁边的肯德基爷爷也是山寨的，还美其名曰“啃得基”。

当然这事也就这么过去了，大家不提自己也就装糊涂。前不久我的一个朋友托人从南方捎来一块手表。手表很贵，名气也很大，叫江诗丹顿。朋友也是不差钱的人，买块表当然要世界名表。当他看到这块表，突然产生了两种感觉：一、简直美爆了，马上就想戴到手腕上；二、去朋友圈显摆显摆！俗话说：穷玩车，富玩表嘛！当他来到一土豪party上，那块“江诗丹顿”名表差点败光了他的脸面。一个表行的朋友一眼就看出他的那块“江诗丹顿”是高仿的，也就是说是地下工厂的山寨货。

中国制造这几年似乎已成为“山寨”的代名词，山寨手机、山寨手表、山寨运动品牌、山寨家电，甚至连大学都有山寨的。山寨无处不在，几乎已经到了“不山寨寸步难行”的地步，层出不穷的山寨品甚至把正品逼上了绝路。某国际品牌因为国内山寨众多而最终选择退出中国市场，这是多么大的讽刺。

可是话又说回来，山寨不也是迎合了市场需求吗？没有相关的需求市场，能有山寨吗？山寨虽然不是一件好事，但也是由市场所决定的。除了这些生活用品，数字货币世界里也有无数的山寨币，且这些山寨币也有着很强的生命力。

讲一个关于山寨数字货币的故事：前两年有一个名为“龙币”的电子货币突然出现在人们的视野。这个“龙币”打着“龙”的幌子，一出现就在数字货币界引起了不小的轰动。

先是广告轰炸，而后又是各种QQ群普及“龙币”的知识。许多人都觉得“龙币”不错，是“龙的传人”所创造，简直就是中国人自己的数字货币。就是这么一个“国产货”，当大家准备高捧它、希望它冲出国门走向世界的时候，上帝给我们开了个玩笑：龙币下架了。

龙币为什么突然下架，甚至连一个正常解释都没有！总之龙币被抽了“龙筋”，早已经成了死币。那些投了钱的人虽然事后也得到了全额赔偿，但是也纷纷唏嘘不已。

除了龙币，后来还有一个“苹果币”。当然了，不管它是苹果、桃子还是梨，它的命运也与龙币一样，刚出生没几天就“夭折”了。许多人不禁起了疑问：难道是名字不好、八字不够硬？还是它天生就有“致命性的遗传疾病”呢？一时间数字货币市场陷入了长时间的沉寂。

究竟什么是山寨币呢？山寨币都是山寨的“谁”？其实最早出现的数字货币是比特币，比特币作为数字货币的开山之作，有着十分惊人的力量，它以 P2P 为基础架构，借助“区块链”一步一步走向强大。除此之外，比特币数量有限，按照中本聪的算法，全世界只有 2100 万枚。于是许多人纷纷进入比特币的世界，做起了比特币梦。如果说比特币是数字货币的“母亲”，那么其他的数字货币几乎都是它的后代。

比特币完全是开源的，任何一个人都可以利用它设计自己的数字货币，比如龙币、苹果币等。这些数字货币的设计风格与比特币相似，算法也几乎如出一辙，甚至数量也是稀缺的，那么这些山寨币与比特币有什么不同呢？

与比特币的 2100 万枚固定数量相比，山寨币的数量似乎是个变量。虽然它们也都是按照“算法”挖掘出来的，但是“算法”的不同就会导致数量的不同。

理论上讲，按照一些特殊算法这些山寨数字货币的数量多则接近无限，少则比比特币还要稀有。但是当数量无限多，币值也就大幅度缩水了。许多山寨币的设计者明白这个道理，于是他们设定的数字货币数量往往也是有限的，比如 4200 万枚，或者 8400 万枚等。

除了可变的数量外，山寨币目前面临的最大挑战是用户的接受程度。

虽然比特币、莱特币这些传统的数字货币依旧很火爆，但是这些数字货币几经生死，像是从“死人堆”里爬出来的。如今比特币的交易已经比较成熟，但是屡屡暴跌也致使许多用户对数字货币失去了信心。不过话又说回来，比特币已经在许多人的心目中建立起了“信用”，这种“信用”是其他山寨币所不具备的。于是我们看到，像“龙币”“苹果币”等刚刚出生就面临“夭折”的危险，甚至有的山寨币还未出生就已“胎死腹中”了。

俗话说：做得巧不如来得早！比特币就是那个来得早、占尽市场先机的一位。可以说比特币、莱特币和狗狗币等几乎已经形成了市场垄断，其他山寨币想要分一杯羹，真是难上加难。

除此之外，许多山寨币只是诈骗犯做下的“种子”。这些山寨币出现的目的不像比特币那样单纯，而是为了圈更多人的钱，是彻彻底底的犯罪。还有一些山寨币仅仅是为了“洗钱”而诞生的。更令人气愤的是：有些山寨币的开发者为了赚更多的钱而进行“作弊”。这些开发者为了私心，为了取得利益最大化，把参数修改得对自己有利。这也打破了数字货币“去中心化、公开、公平”的核心原则，从本质上就违背了“初心”，最终的结果只能是被淘汰出局。

还有一些山寨币“山寨”得有模有样，甚至还有自己的特色。有的山寨币不仅可以控制“挖矿”速度，甚至还可以模仿现实世界的银行给山寨币的持有者加利息。这些山寨币也有一个梦想，它们的梦想就是有朝一日能取得像比特币、莱特币等一样的辉煌成就。

令人惋惜的是这些精品山寨币的“粉丝”很少，几乎是“天煞孤星”的命，如果没有人买账，这些山寨币最终将沦为一堆乱码。其实山寨并不可怕，可怕的是山寨文化的扩张。几乎每一天都有新的山寨币出现，这些山寨币要么早早夭折，要么沦为骗局。这些山寨币为什么会一轮又一轮地重复上演，关键在于日益枯竭的比特币资源。

以笔者角度去看，倘若这些山寨币的开发商能够考虑长远利益，不计成本地设计并完善它，那么它才有可能成为新一代的“比特币”，屹立于数字货币之林。

屡屡陷入“传销”绯闻

前不久看到一个传销案例：一对父子是这个传销案件的主犯之一，真是有种“上阵父子兵”的阵势。有一个记者采访传销案里面的儿子：“你是怎么加入到这个传销组织里的？”

儿子回答：“我是因为父亲才进来的！”

后来记者又采访父亲：“你的儿子说是你让他加入组织的，你为什么要这样做？”

“如果不这样做，就没有人相信我！”父亲如此回答。

传销大多数都是直销演变的，与直销不同的是，传销没有产品，只有吆喝。也就是说，传销是一种靠“吆喝”发展人头的连环骗钱模式。

现在做传销的人有很多，几乎各个行业里都有做传销的，之前有保健品，后来有旅游，甚至连茶叶这种农副产品也进入了传销的品目中！前不久，一个数字货币盘也成了传销，甚至整个数字货币行业一直被传销疑云所笼罩。

确切地说，目前的数字货币还不能称之为“货币”，或者说它是一种特殊商品更为确切。一方面，人们炒作它大多只是为了一时的利益；另一方面，这种虚拟的“价值”是否具备“真实的价值”依旧需要打个问号。但是有一件事不得不说：许多数字货币模式已经沦为一场资本传销。

举个例子，所谓传销，其实就是口头编造一个“产品”，然后以这个“产品”为依托，编制一套销售模式。这种模式基本是“金字塔”型的，营销方式就是甲传给乙，乙再传给丙，丙再传给丁。如果甲是金字塔的塔尖，那么下面的就是构成传销组织的普通砖石。在这个所谓的销售过程中，你或许从未见到过一件真实的商品，即使有商品，该商品也不是传销的基础，而是传销打的幌子。总之，资金模式对于传销是最重要的，组织传销的目的也不过就是一场“追金逐利”的游戏罢了。

许多数字货币资金盘也是这样玩的！不久前，广东省就破获了一起与数字货币相关的传销大案。

这个案件中的主犯，其实就是一个数字货币挖矿机的制造商。起初，他大肆宣传：我的“矿机”是世界上最先进的矿机，是矿机中的战斗机。若使用他的“矿机”，就可以轻松挖出数字货币。而拥有了他的“矿机”，就等同拥有了一座金山。为了达到目的，这个主犯编织了一张网。这张网其实很简单，就是上线发展下线，下线拉拢投资者用自己的矿机平台进行数字货币交易，然后按人头数进行提成。

很快这个网络就形成了。当然为了取得投资者的信任，主犯也曾以“企业家”和“演说家”的身份多次组织“投资数字货币，取得丰厚回报”的现场大会。现场大会上，主犯常常声情并茂、慷慨激昂地宣扬自己的理论，放眼会议现场，锣鼓喧天、掌声雷动。事实上，凡是进入大会现场的人，都是那种做着“发财梦”的人。他们一方面成为传销的组织者；另一方面又成了传销的受害者。

主犯为了进一步提高下属的积极性，也时常组织旅游或者品酒会。后来规模发展越来越大，众多的投资者将钞票交给了他，然后就等着坐享渔翁之利了。没有想到的是，数字货币一路暴跌，投资人开始感到害怕了。但是主犯并没有将剩余资金退给投资者，反而继续忽悠大家趁着价格低的时候追加投资。就这样，资金盘就像滚雪球一样越来越大，似乎马上就有摔碎的风险。

如那些传统的传销一样，当蛋糕大到一定的地步，主犯就开始“收网”了，数字货币交易平台无法登录了，甚至连网站都早已被注销。主犯卷着投资人的钱跑了，投资人最终只好选择了报警。

以数字货币为平台涉嫌传销的组织还有很多，这些传销者的“卖点”也大多雷同，虽然他们不会直接给投资者下迷药，但是却有几种“致命”招式。

一、“钱生钱”的发财招式

这种招式最为普通，但却是“杀伤力”最强的招式之一。因为人人都想像那些土豪一样开着奔驰或宝马满世界旅游。然而现实中，疲软的市场经济扼杀了无数人的发财梦。就在这个时候，“游戏”发起人以“天使”的面孔来到你面前，告诉你：“我这里有一个可以钱生钱的平台，名额有限，机会难得哦！”很多人起初并不相信，但是往往那种发财的侥幸心理最终会推翻你的理性。于是乎，为了发财，为了钱生钱，即使有风险也应该搏一把！钱投进去了，但是钱也就连本带息都被“游戏”的设计者套走了。

二、“理财好工具”招式

许多数字货币平台的拥有者会告诉你：“我们的平台只是一个交易所而已，几乎跟证券交易所一模一样。”于是，许多人会放松警惕，通过平台购买数字货币进行理财。

当然这种理财模式不是不行，也有许多人从中大赚一笔。按理说，炒数字货币跟炒股票差不多，低价买高价出，风险虽然有，但是回报也很大。还有一些人本来就有炒股经验，于是也就想：反正都是炒，难道还有什么区别吗？如果套住了，大不了放长线嘛！投资者的想法是好的，而且交易平台的开发者也是这么宣传的：“我们只收交易费而已！”

事实上，这种个人平台有着极大的不稳定性，因为它不像股票交易所，完全是由国家审批的。许多投资人并没有过多考虑，只是为了理财而选择了风险极大的交易平台。如果不幸赶上传销，也就只能自认倒霉了。

三、“门槛低、回报快”招式

股市门槛并不高，但是与股市相比，数字货币交易门槛似乎更低。它甚至不需要核实你的真实身份，而你仅需要提供一张银行卡或者一个账号就可以进行操作。

除此之外，数字货币在购买数量上没有限制，你可以买一个，也可以买一万个。购买股票则最少买一手，一手是一百股。也就是说，那些钱包瘪但是还想“试水”的人完全有理由选择这样的平台。

最关键的一点，炒数字货币的回报很快！而这一点也是搞传销的人最常说的那句话！那种能耐住性子炒长线股的人通常是不会上当的。当然这还不算结束，组织传销的人还会拿出一堆数据，他会这样告诉你：“你看这是当天的数据，这个人今天就赚了多少多少？”或许有些人会质疑数据的真实性，其实这种赚钱的数据还有很多，只是他不会把赔钱的数据拿给你看而已。“门槛低，回报快”这是多少投资者梦寐以求的。这些骗子们恰恰摸准了人们的投资心理，于是顺水推舟，将其哄骗进传销骗局中。

俗话说，有多大风险就有多大的回报！这句话不是讲给普通人听的，而是讲给那些被财富洗脑，或者极度渴望成功的人。事实上，许多骗局都是一样的，只不过借助的产品平台不同而已。

当我们平静下来细想一下，数字货币真的为犯罪提供了平台吗？其实不然。许多时候，数字货币只是被利用或者成了“替罪羊”。因为骗局无处不在，即使是在传统领域也是如此。只是当我们选择一种陌生的“投资”方式时，一定要擦亮眼睛，切莫“因财起意”，贻害自己。

| Chapter 9 |

数字货币下的商业大洗牌

网络时代呼唤支付革命

有一个故事：王健是某公司的一名老员工，他一直兢兢业业、默默无闻地工作。在同事眼里，他是个老好人；在领导眼里，他是个好员工。后来公司为了提高工作效率，引进了一套办公系统。这套办公系统不但可以为公司节省更多耗材，而且财务、公司流程等全部都可以通过网络进行梳理，十分方便快捷。为此，公司还专门找老师进行了系统培训。

王健年龄比较大、学历也比较低，对于计算机软件这种新办公系统有一些无法适应。他说："别说使用软件，就连用电脑打字都很困难！"不过话又说回来，公司也不可能因为某个人而放弃智能办公。但由于王健基础实在太差，自学一个月也没有掌握计算机新软件的应用。到了年底，公司进行了末位淘汰！王健虽然在工作态度方面评价很高，但是由于不能适应新软件，最终被公司辞退。这听上去虽然有些残酷，但是如果你不能适应当前的发展潮流，结局可能也会是一样。

我们再回到货币。货币属性的每一次更替，都代表着一次时代变革，都是人类历史上的一次进步。人类掌握了金属的冶炼与分割，才有了金属货币；有了印刷术和加密技术，才有了纸币。电子货币当然比纸币又要先进很多，使人们摆脱了"实物"。但是话又说回来，每一次变革都不是“主动”的，是因需求而被“呼唤”出来的。

因为战争，人们发明了枪支弹药；又为了阻止战争，人类发明了核武器。进入互联网时代，人类的活动几乎有一半是在网上进行的。借助互联网平台工作、社交、消费、娱乐等，甚至连“情感需求”都与虚拟世界挂钩。许多人通过电商平台购买日用品，其方便程度远远超过传统的超市门店。而正是由于电商的出现，许多实体超市开始面临倒闭的风险。我们经常会听到：某某超市倒闭了，某某卖场经营不善转让……许多人纷纷开始用支付宝、微信钱包、百度钱包等进行消费时，也就预示着一种新的支付革命即将到来。

我们再谈谈数字货币。数字货币与其说是一种货币，倒不如说是一种新的支付手段。这种支付手段与传统支付相比，不限区域、不限时间、而且交易快速，不易出错。它因互联网而生，甚至可以说完全是为了互联网商业行为而被呼唤出来的。

与传统货币相比，数字货币虽然看不到、摸不着，但是它依旧具有先天“支付”功能。尤其是数字货币的交易平台，你不用排队，也不用担心柜台服务人员的服务态度，更不用考虑取款机里没有现金而白跑一趟。事实上，数字货币确实“天赋异禀”，甚至它在整个社会资源配置方面都有着极大优势。区块链的账本功能更是让会计们失业了，因为这个系统完全可以充当你的贴身会计。以笔者看来，支付革命即将来临，传统的支付模式也将随历史一起作古。

举个例子，通常我们去消费不是用现金就是用银行卡，每个地方都在使用传统的收款方式。比如去超市买生活用品，你可以支付现金也可以刷卡。刷卡相对比支付现金更加灵活，因为不需要找零存放。如果你口袋里揣着许多钢镚儿，有时候确实很令人心烦。银行卡可以让你摆脱这种烦恼，仅需输入密码即可。现在许多超市又开辟了新支付方式——扫二维码用数字钱包支付。这种支付手段更加“潮”，也更加方便。有了数字钱包，你只需要带着手机出门即可，只要有手机，就可以走遍全世界。

那么数字钱包“先进”在哪里呢？首先，你不再需要携带大量现金和银行卡了。现金容易折损，银行卡偶尔也会“消磁”失灵，甚至它们作为“实物”还有可能丢失或者被盗。数字钱包就令人放心多了，即使你的手机被盗，数字钱包还有一个私匙保护。不管在适应性，还是在个性体验方面，数字钱包都有着无可比拟的优势。

科技在发展，时代在进步，任何事物都要随着时代的变化而进化，这也符合达尔文的“进化论”。就像互联网的出现，催生出了电脑、智能手机、虚拟娱乐平台、网络游戏、电商等许多产业。与此同时，与之相匹配的新支付方式也应运而生，尤其是那些以互联网为媒介的电商、社交、金融、理财等。没有革命性的支付方式，恐怕你也就失去了互联网世界带来的“半壁江山”！这种革命性的支付方式不仅可以推动互联网商业金融的快速发展，而且还能实现“线上与线下同步”和“同源共生、合作互补”的梦想。

除此之外，新支付方式是完全以“点对点”的形式进行的，这也会令交易两端的信息更加对称，交易更加公平。跨地区交易的成本更低，效率更快，它几乎不需要任何手续费，就完全可以实现家与商场、银行、理财机构同步。也就是说，以后的你完全可以坐在家里完成所有的交易和消费。

新的支付系统不仅对个人影响深远，对整个国家也是如此。支付系统的优劣直接决定整个金融行业的稳定性与效率。稳定性越高，效率越快，国家金融体系运转得就会更好。以数字货币为例，这种“去中心化”的支付形式不再需要庞大的“人员体系”控制，完全靠超级计算机进行运作。

俗话说：人脑不如电脑。电脑操控不但准确性更高，而且还可以避免人员操控导致的腐败和犯罪。现在许多国家都在研究这种新支付方式，去中心化、去现金化、互联网移动设备支付的普及化是未来发展的必然趋势，许多银行家和投资人也开始专注“新平台”的开发。

“网络时代呼唤新的支付革命”——这不是一条虚假信息，而是迫切的需要！新技术的研发必然会引起一系列的社会反应，就像一个得病的人吃药之后的状态，或许有一定的毒副作用，但是却可以解决旧金融时代的“支付迷局”，打破传统，回归到人类智慧的道路上来……

电子商务和跨境贸易需要数字货币

如今风头最盛的恐怕就是电商了，比如阿里巴巴、京东、苏宁易购等，电商造就了许多超级富豪，与此同时也给老百姓带来了极大的便利。电商的快速发展，几乎淘汰了传统门店。电商是随互联网的出现而诞生的，也就是说互联网成就了电商，电商丰富了互联网世界。相信现在你身边的人几乎都会通过互联网购物，甚至连五六十岁的大爷大妈也会。

电商的出现，也让传统的钞票失去了用武之地，因为大多数电商只提供在线支付方式。

有一个故事：邻居大妈打算买一个老年用品，但是这个老年用品超市已经售罄。她的子女都在异地，也不方便让他们购买。后来老太太找到了我，然后对我说："小刘啊，你说网上是不是什么东西都有卖？"

"大多数都有，当然太过稀缺的估计也没有！"这事我也并不肯定，因为世界上确实有金钱买不到的东西。老太太叹了口气，正要准备走的时候，我又拦住她说："这样吧，我帮您查查看，如果有的话，我帮您买！"

老太太听了我的话非常高兴，而我确实也在某电商平台上看到了这款东西。老太太说，"能不能货到了我给他钱？"

"这个网站只能在线支付，不能货到付款！您把钱给我，我帮您拍下就可以了！"

事情解决了，老太太非常高兴，不久之后她竟然也学会了网上购物。

当然这只是一个天天都在发生的故事，只不过故事主角不同而已。电商带来的便利，同样也让互联网支付形式变成了现实。但是这仅仅是一个小的飞跃，还有一个更大的问题需要解决：跨境电商往往牵扯到外汇管制、网上监管等问题，很难直接购买，此时则需要一个中转站，这个中转站也就是我们常常说的"海外代购"。

所谓"海外代购"其实就是赚取汇率差价和佣金的代理而已，他们之所以能这么干，是因为目前的网上支付方式如支付宝、微信等不能直接兑换外汇购买国外网站上的东西。倘若想要实现那种完全"点对点"

的商业模式，就必须消除这种“海外代购”。言外之意，传统的网上支付方式还有一定的局限性，它不够先进，也不够开放，而数字货币似乎就可以解决这个难题。

其一，数字货币可以让跨境贸易变得更加简单迅速

每次讲到这里，似乎都能够看到数字货币那张骄傲的面孔。数字货币确实可以，因为它不仅是一种支付方式，而且它还是一种“世界性”的通用货币。数字货币作为互联网畅通无阻的价值符号，它完全可以与世界上任何一种货币实现自由兑换，而这仅仅只需要签署一个“现金转换协议”即可实现。

除此之外，数字货币在大宗商品交易中似乎更有优势。跨国大宗交易往往牵扯的环节较多，款项巨大。传统的跨境支付业务不仅仅中介费用高昂，而且常常要分多笔进行转账。但是数字货币则简单多了，它完全可以进行一次性“全额”交易，而且效率高，收费低。

其二，数字货币可以完全实现“点对点”交易

举个例子：如果在淘宝上购物的话，人们通常会选择支付宝交易。相对而言，大家可能都觉得“第三方平台”是一个担保，有担保的交易就会更加安全。不过人们似乎忽略了另外一个问题：当交易发起者将款打给“第三方”时，那么“第三方”也就知道了你的银行卡号以及支付密码！也就是说当“第三方”平台出现问题时，你的账户就有被泄露或者被盗窃的风险。截止到目前，第三方平台联合商家对买家进行诈骗的案例比比皆是，也似乎正在呼唤新的支付平台。

数字货币作为一种新的支付平台，它完全是“点对点”式的电子现金系统，不需要第三方“信用”中介。除此之外，数字货币发出的交易可以避免完全不可逆的交易，比如淘宝等典型的卖方市场。这样的支付系统更像一个天平，天平两端的买家和卖家都是平等自愿的：你可以卖货，我也可以退货……而这也从根源上制止了“第三方”平台联合商家欺骗消费者的犯罪行为。

其三，数字货币支付平台打破了跨境支付渠道的垄断

目前世界上的跨境交易支付渠道主要由几家金融巨鳄所垄断，而垄断是一件非常不光彩的商业行为，它借助渠道、政府背景、相关政策等的巨大优势，垄断一切资源，打乱了“自由竞争”的商业体系，通常还具有自由定价权。举个例子，某自来水公司借助政府优势在当地完全垄断了老百姓的生活用水。也就是说，只要自来水公司断水，老百姓就没有水喝。这家自来水公司以“下雨少、水资源紧张”为借口，多次提高水价，几乎让老百姓到了用不起水的地步！

事实上诸如 VISA 等金融大鳄，它们在跨境支付方面也处于垄断地位。它们可以任意设定转账服务费，而这个费用非常高昂，但有时候又不得不用。除此之外，传统的跨境转账的完成需要 2~3 个工作日，对于那些价格波动频繁的商品交易而言，可能收到账的时候，商品又落价了，这简直难以想象。

数字货币完全可以打破这种垄断，而且它完全不受政府、政策等各种关系的影响。数字货币的 P2P 架构是全网性的，也就表明它既可以减少相关配套浪费，又可缩短交易时间。而这种快速、便捷、打破垄断的支付方式，既减少了因汇率波动而造成的损失，又降低商品价格波动带来的贸易风险。事实上，全世界都在研究数字货币，希望它能够为国效力。

数字货币的优势不仅仅体现在跨境交易方面，在加剧丛林法则、促进全球经济洗牌等方面也起着重要作用。虽然数字货币还存在这样或者那样的争议，但是不可否认它的出现给未来的支付手段指明了道路。相信不久之后，数字货币会像一颗明星一样冉冉升起……

摆脱权力操控的一把匕首

有人说，货币战争就是一场权力的争斗。实际上，货币的本质就是权力！古往今来，因为金钱而引发的有硝烟或无硝烟的战争不计其数。当权者为了将财富据为已有，只能通过控制货币的发行权来达到目的。事实上，货币从诞生那天起就被赋予了“权限”的属性，没有权力构架的“信用”不能称之为信用。金钱是个好东西，它不仅可以用来购买所需之物，而且它的政治职能和经济职能更让人忽略了它只是充当一般等价物而已。前不久，央行再次调整存款利率，其目的是为了激活市场、刺激消费。

讲个故事：前一阵子欧洲某国的老百姓嚷着要退出欧盟区，这一举动让当局政府很不爽。老百姓其实很简单，当他们看到白花花的银子被政府用来“劫富济贫”时，他们就坐不住了。说白了，这些钱都是老百姓的钱，不是政府的钱。

放眼整个欧洲大陆，许多国家都处于“欧债漩涡”的泥潭里深深不能自拔。我们来回想一下“欧盟”，“欧盟”简单说是一个区域组织，但是却有一个条件：当“杨白劳”确实揭不开锅了，“黄世仁”不但不能要求“杨白劳”还债，还要帮“杨白劳”贴补家用！按理说，这是一件好事，尤其是政府与政府之间的相互合作是有百利而无一害的。倘若把这事放在老百姓面前，态度就发生变化了。

这几年，欧洲某国的经济发展几近停滞，本国货币一路走跌。就是在这样的情况下，欧盟“打碎牙也要往肚子里咽”的举动就让国人摸不着头脑了。就像前面说的：货币乃中央机构所印发，汇率、币值、政策等也是它说了算，老百姓的话语权又有多大呢？政府将“单”交给银行来买，而银行则又绑架了老百姓……与其说是一种“绑架”，倒不如说是一种政府流氓行为。好在欧洲某国的老百姓可以通过票选决定国家命脉，于是当民意大大超出政府意愿时，政府做出了妥协，某国开始逐步退出欧元区。

某国这一举动，造成本国货币币值遭遇历史罕见的暴跌。所谓乱世黄金，许多百姓纷纷购买黄金，而这又导致黄金价格一路走高。但值得我们关注和思考的是，某国货币在“远离”欧洲大陆的时候虽然遭受了震荡，但是它如“病中人”一样会慢慢康复，但老百姓因货币与政府的权力争斗还将继续下去。欧洲某国的货币硝烟最终以群众的胜利而告终，这也从侧面反映：货币并非只能集权制，它完全可以掌控在群众的手里，公平、自由地行使自己的职能和作用。

回到人之本初，货币只是公平交易的筹码而已。它简单、快乐、不受任何限制。自由本是货币的初心，而民主、公平则是群众以货币易物的基本条件。货币原本就是来自民间，现在许多经济学家也在为此摇旗呐喊：把货币权交给民众，由他们来支配！

世界货币的发展，是一个从“自由”到“约束”的过程，在这个过程中，我们看到了社会制度的变化和阶级的更替。比如说奴隶制社会，奴隶本身就是一种特殊商品，甚至还可以充当“货币”。连人权都没有的奴隶，他们手里是不可能有金钱的。封建时代比奴隶制社会有了改观，老百姓手里有钱，钱是朝廷官办铸币局所造。后来就是资本主义时代，资本主义的最大特点就是“资本”，拥有资本的多少决定话语权的归属，中心化货币似乎也达到了登峰造极的程度。随着数字货币的出现，人权的延伸，民主化的进一步清晰，货币似乎有了一种回归自由、打破垄断、摆脱权力操控的冲动。换句话说：未来社会需要去中心化的货币。

“去中心化”像一个双面女郎，在罪犯眼里，“去中心化”可以助其罪恶的滋生、实现其贪婪的梦想；在好人眼里，“去中心化”恰恰是重获自由、公平的基本权利。“去中心化”的数字货币也是如此，它因时代而产生，又因时代而被赋予了新特性，正如裴多菲的诗：生命诚可贵，爱情价更高；若为自由故，二者皆可抛。想要摆脱权力操纵的数字货币是普罗大众心中的等待与呐喊，同样还是人类真正走向文明的重要标志！在许多人眼里数字货币已经向传统的中心化货币发起了挑战，它在诸多方面表现出来的优势似乎值得众人的期待。

数字货币的到来，不仅仅只是打破“中心化”这么简单！举个例子，现代金融危机，一个地区或者国家往往通过增发货币数量、调整汇率等手段进行危机干预，这种“疗法”更像是雪上加霜。不管是通胀还是通缩，金融危机总是在百姓身上体现，例如收入减少、物价上涨、失业、看不起病、变卖房产等。集权部门为何要这样做？或许有人会反问：这样做难道有好处吗？难道他们不懂水与舟的关系吗？事实上，集权通过对金钱的控制，也就起到了对民众生活行为的掌控。换句话说，这样做的目的只是为了统治。

目前社会资源分配依旧是由权力主导的，如果你是官员，你可以得到一辆“卡车”；如果你是一名普通人，你或许只能得到一辆“自行车”！分配的不公、权力的腐败、效率的低下已经成为权力操控的代名词。数字货币虽然只是一种还不被官方承认的民间货币符号，但是它的出现是对货币发行垄断单位的一种“挑衅”！而事实上，许多数字货币还未诞生，便被扼杀在摇篮中了。这似乎是时代的悲剧，更是货币发展史上的灾难。

现在许多国家也开始讨论它，但他们似乎只是对数字货币的“先进技术”更加感兴趣，对它那种“不受管”的个性却嗤之以鼻。但是我们必须回到政治与金钱的本质关系上：金钱决定政治，政治只是为金钱开路而已。当我们点出核心，那么数字货币的诞生意义就更大了。

让交易更可靠的“智能合约”

这些年，我们总在想方设法地使自己的交易更加安全，每一笔消费都更加有保障。我们还常常幻想，每一个商家都是真心实意地把我们当成“上帝”，而自己也能在消费中体验一把上帝的感觉。但是当这些幻想落空，交易无法公平公正地完成时，我们常常又会想到法律、想到维权。

前不久，在我朋友的母亲身上发生了一件事。事情的经过是这样的：作为一个家庭主妇，她每天的安排是固定的：早晨打太极，打完太极去超市买菜，然后做饭，休息。假若每天都是如此，也是极好的。后来老太太的一个闺蜜拉着她去听理财课，而且劝她投资：“人不能一上了年纪就混吃等死，要想办法给下一代多留一点财富！”

按理说，老太太也不缺钱，子女都衣食无忧。但是人就是这样，不经唠叨。当她的闺蜜经常在她耳旁吹风时，她也就坐不住了，于是她决定拿出“骨灰本”进行理财……说到这里大家应该已猜到这个故事的结局了：老太太被骗，棺材本被卷走，天天以泪洗面，悔不当初！事实上，老太太并不仅仅赔了这一笔，后来还在别人的怂恿下买了一堆“假古董”，其中一“明青花”被儿子当成了宠物饭盆。

目前，欺骗老人的案件越来越多，大多数不了了之，只有极少数通过“法律”找回了损失。这是因为老年人警惕性不强，所以常常被人骗。这不仅是一个社会问题，更反映出一个更重要的状况：交易不安全！

在商品社会被提及最多的两个字：诚信！事实上，是社会缺什么舆论提什么，如骗子当道提诚信，社会混乱提安定，腐败程度高提正能量。对于消费者而言，交易往往只是靠“诚信”作中保！商家诚实守信，这笔消费划算；如果商家不诚信，那就是一种上当。

法律的健全从某些方面保证了交易的安全性，但是法律再好，也还是有犯罪的，更别说那些法律约束不到的地方。这个时候，我们应该反思：我们的“交易”到底怎么了？

数字货币给我们带来了一个新概念，这个概念是“智能合约”。从字面上看，“智能合约”就是一个合约，与法律有着一定的关联。那么，它如何保障双方之间的交易呢？

“智能合约”其实也是一种合约，但是这种合约与普通合约不太一样。笔者认为，“智能合约”与普通合约两者之间有以下三种区别。

一、架构方式不同

日常生活离不开各种合约，传统的合约有书面合约和口头合约。书面合约较口头合约更加严谨，而且具有一定的法律约束力。智能合约有所不同，它只是数字货币交易系统的一部分，或者说它是互联网区块链技术中的一个核心“元件”。换句话说，智能合约看上去并不像“合约”，而是一种互联网汇编程序。智能合约这个汇编程序非常有趣，它可以决定互联网交易的地点和方式，抑或说它完全可以控制一笔互联网交易。

此时有人会蹦出来质疑：一串数字编码就能搞定一笔交易？难道把我们都当傻子吗？质疑并没有错，只是许多人还不了解数字货币的区块链技术。举个例子，如果说“区块”只是记录了一笔交易，那么“链”则透露了资金的流向，智能合约就是决定这笔交易是否可以进行的必要条件。若这笔交易是在两端彼此认可的情况下发起的，智能合约就会起作用，而且智能合约会在保障双方交易完成之后，才将这笔钱划到卖方手里，这有点像第三方平台的意思。

二、与传统合约相比，智能合约不需要法律约束

最常见的传统合约恐怕就是合同，比如书面合同，合同约定的事项和内容往往通过法律来约束，如果其中一方出现违约，另外一方可以在当地法院进行起诉。但事实上，又有几人会通过官司进行维权呢？传统的合同，通常也是一种“偏袒一方”的合同，合同所规定的内容往往对其中一方有利。许多人是在迫不得已的情况下才签的合同，而这样的合同即使有法律约束力也没有任何意义。

智能合约不需要法律约束，也不需要第三方平台，完全是一种计算机程序。正如美国某栏目主持人（此人是数字货币的狂热追随者）所举的例子，两个人下注500美元的筹码赌超级橄榄球比赛的输赢，但看上去两个人的赌局更像是一种交易，因为他们彼此通过比特币平台，以500美元换取了1比特币，所购买的比特币又通过智能合约发送到它所控制的中立账户上。比赛结束后，智能合约竟然通过某媒体通知某某获胜的信息，不久之后获胜一方的账户上就多了500美元。这听上去有点不可思议！事实上，如果智能合约在合法管控之下，它的保障力要远远

超过传统合约，而且还使得这场交易变得更加公平。

三、智能合约让交易变得更简单

每当提起“签合同”，大家都认为这肯定是一件大事，或者是一笔重要的交易。合同中的每一方都担心交易存在风险，所以要通过“一纸文书”来进行保障。事实上，即使签订了合同，人们还是会担心万一对方违约了怎么办？言外之意，合同并未让合同签订人感到轻松，反而增加了一丝担忧。

智能合约似乎让这样的交易简单化了，因为交易是完全委托给智能合约这一“中间方”，交易两端的人只是一个提供钱、一个提供物而已，不需要考虑对方是否心存歹意或者中途单方停止合约。倘若违约，顶多这笔交易无法完成而已，消费者的钱还会握在自己手中，卖家的货也不会因为没有收到钱而白白送出去。除此之外，智能合约还可以提高交易的速度，有的还可以省下一笔不小的中介或者公证费。

智能合约确实足够“智能”，而且它的出现完全可以让交易双方彻底忘掉法院。相信有一天，智能合约可以完全取代传统合约，使现实中的每一笔交易变得安全、高效。

数字货币是产业发展的“助推器”

几千年的货币历史，也是人类的发展史。货币伴随人类文明从古到今，从参与社会经济的形成到如今庞大的金融体系的建立，货币都发挥了举足轻重的作用。曹雪芹在《红楼梦》中说：“世人都晓神仙好，唯有金钱忘不了。”可以说，货币对人而言就像是“保姆”。

自然货币时代，人们为了得到自己想要的东西，要拼了老命地去收集贝壳，后来甚至有人专门从事“贝壳”生意。到了金属货币时代，人类驾驭自然的能力有了长足的进步。人们不单单用金属制造工具，而且为了制造出更精美的货币，金属提炼和分割及制造模具等技术有了大幅度提高。小小的、不起眼的一枚铜钱，拉动了下游许多行业，如矿业、冶金、铸造等。当然这些仅仅是由小小铜钱催生的，还不包括发达的货币系统带来的整体进步。信用货币时代，“信用”二字在国家和央行的担保下直接促进了新兴货币体系的建立。有了货币体系，才有了金融，有了金融行业，才有了现在的投资、理财。事实上，货币的每一次飞跃都像是一名舞者踩着音乐的节点飞舞。尽管后来因货币引发了许多次冷酷而无情的战争，但是它作为社会变革的推动力，其作用不可忽视。

举个例子，电子货币出现后，许多人都在忙着办卡。各种各样的卡功能繁多，令人应接不暇。银行里有普通的储蓄卡，也有信用卡，甚至还有金卡、牡丹卡等。除了银行，许多服务行业为了方便“刷卡消费”，纷纷上马刷卡机和 POS 机，而 POS 机下游则又有许多行业为它服务，什么高分子材料、芯片、电子线路板、显示器等，当然这仅仅是一条产业链而已。

以餐馆来说，没有 POS 机之前，餐馆通常要准备大量零钱用于找零，即使如此，也会有零钱不够用的时候。当零钱不够用了，餐馆老板只能

“大气一点”，把顾客的零头抹掉。长此以往，“零头”越抹越多，也是一笔很大的利润损失。但自从有了 POS 机，餐馆就不担心找零了！即使还是有人用现金，但是 POS 机可以分担一部分找零压力。除此之外，POS 机还能够招揽生意，那些喜欢带卡不带现金的人，非常乐于去这样的饭店消费。同时，POS 机还有累计查询等功能，每一笔消费都清清楚楚，而这也是电子货币的功劳。不能不说，新兴货币带来的支付变革，彻底改变了人们的生活消费方式。

如今已经是互联网时代，几乎每个人都“挂”在网上。他们通过互联网和各种客户端找饭店、找旅馆、打车、买衣服、看节目、玩游戏、聊天等，似乎与人类生活相关的衣、食、住、行、社交等全部活动都可以通过互联网解决。人们的消费依赖互联网，同时也需要依托一种互联网的安全支付方式。于是乎，数字货币出现了。数字货币似乎与互联网相得益彰，它们都是“虚拟时代”的产物。数字货币将货币形式由实物转化成网络符号，而这堆网络符号依旧具备货币的价值交换功能。虽然它的接受程度还亟待提高，但是越来越多的“信号”表明，数字货币巨大的优势将会为互联网经济带来繁荣。

有人说，数字货币不仅仅只是“货币”！这句话耐人寻味。古往今来，货币就是货币，它不能称之为商品，它只是一种价值符号。比如黄金，黄金有价玉无价，黄金的价是等量的，这也应验了马克思的那句话：金银是天生的货币。黄金是为“货币”而生的，但是数字货币似乎并不尽如此。

让我们再回顾一下数字货币的发展史，起初它仅仅是一种支付方式，这种支付方式是一种基于互联网 P2P 协议而出现的。说白了，人们的网上生活体验需要一种有别于传统的支付方式以进行购买心仪的、实体店或者现实中很难买到的东西。比如你在某电商网站看到一只漂亮的维尼熊，而你只能通过数字支付平台进行购买，否则维尼熊将会成为他人的礼物。或许你还有其他看法，比如在线支付方式不安全，完全可以选择“货到付款”。在这里我不得不说自己的看法：货到付款并不是一种“对称”交易，而这种交易方式通常会隐藏许多问题，比如售假、维权难、恶意退回订单、收到假币等。

事实上，数字货币的支付革命让我们不得不敬佩。因为它的出现，我们不再需要经过第三方中介进行担保而支付一笔担保费，也不需要为了漫长的跨区域汇款而延误商机，更不需要对交易的真实性提出质疑。我们只是需要输入对方提供的地址，点击确认就可以完成交易，而且只有将交易完成后，对方才能收到数字货币平台发出的账单。令人费解的是，既然区块链技术完全可以将事情简单化、透明化，为何我们还要设定消耗巨大的第三方控制呢？说到底，数字货币还没有完全被人接受，抑或被政府、央行所正面认识。

当然我们必须接受一个现实：随着数字化时代的来临，数字货币的兴起是水到渠成的一件事。我们无法阻止一个新事物的到来，就如曾经的我们无法阻挡蒸汽机、电力、计算机、互联网一样。数字货币的出现给数以万计的“矿工”带来了财富，更多的则是为“互联网＋金融”和“线上＋线下”提供了一种思路。正如松下幸之助所说：“以温柔宽厚之心待人，让彼此都开朗愉快地生活，或许才是最重要的事吧！”我们是否也应该给未来数字货币以宽容之心呢？

打破银行垄断的数字货币

不久之前某电视台有一次路边采访，采访的话题是：如果你有一百万，这笔钱你会怎么处理？

一年轻男孩咬着指头想了半天，说："我想花 36000 块钱买那只杜兰特签名的斯伯丁篮球。"

一个年轻女白领这样回答："旅行啊，买 LV 的包包啊，然后给爸爸妈妈雇个保姆，他们养我长大不容易！"

一个进城打工的男青年给出的答案是："在城里买套房，然后还可以留点钱娶媳妇……"

虽然答案五花八门，但是有一种答案却占了所有采访人数的 68%，这个答案就是："还用说嘛，存银行呗！"

这个答案并不让人感到奇怪，在众人眼里，银行是稳定的、靠谱的、绝对不会坑人的金融机构。所以人们愿意把钱交给它"打理"，即使银行的利息少得可怜，严重跟不上通货膨胀的速度。既然银行让人们赚不到钱，为什么人们还都那么相信它呢？

其一，银行是货币发行单位

世界上任何一种法定货币都是由国家银行所发行的，也就是说，只有国家发行的货币才是货币，其他的都只是“花纸头”。我们国家也是如此，从古代的官方铸币局到后来的央行。换句话说，央行是货币的母亲，货币是央行的儿子。这个比喻可能不算贴切，但大概能够表达出这层意思。

因银行与货币之间的母子关系，众人都会觉得“母亲对儿子的哺育是不需要质疑的”。但是当世界发生金融危机的时候，似乎就打破了这层“母子关系”。银行这位老妈往往通过控制“儿子”以达到维持政权的目的，而金融危机真正的元凶就是老妈对儿子的独断专行。银行控制货币发行权，其目的此处不再赘述。

其二，银行是货币“信用”授权单位

货币是否值钱，关键看它的“信用”。在个人信用无法保证的情况下，银行就站了起来。它通过政府授权、集结一切资源，以有力的发声向大家说：“我来提供担保，我的担保就是国家的信誉！”当这件事上升到国家高度时，众人就会放松警惕，与此同时也就会被洗脑。

当然这种“信用”在和平年代或者经济处于良性循环的状态下是有保证的，但当“货币战争”一旦打响，金融市场开始动荡，这种“信用”也是不怎么靠谱的。物价上涨导致货币贬值，银行存款利率的降低又会导致大量货币冲刷市场，进而引发“双重灾害”。只不过众人从未将银行视为犯罪者，而正是这种“温水煮青蛙”式的做法往往让众人陷入到绝望境地。

有人说：世人都是善良的，常常会被政府蒙在鼓里。这并非一个极端的言论，也不是危言耸听，而是一个客观真相。人们往往只是看到银行的权威、国家信用、铸币权等，而忽略了它自身存在的种种权力争斗、腐败、坏账、不良信贷等，实际上，这些坏的一面往往比好的一面占据的篇幅还要多。要想打破这种局面，我们只能期待一种不被银行所垄断的、没有腐败的且公开透明的新货币形式的诞生。

千呼万唤始出来，犹抱琵琶半遮面。数字货币虽然不是美女，但是它可以改变银行垄断的现状。

我们再去看看那些银行家、资本大鳄对数字货币的看法。德意志银行的老板曾经在达沃斯论坛上发出如此感慨："十年内由纸币和硬币所组成的现金支付系统将会退出历史舞台！"他的这番感慨也似乎预示着"新支付革命"的到来以及新货币的更迭。当然他在这里并未提及"数字货币"，但是结合互联网的发展趋势来看，似乎是有所指向。

货币的演变不可能倒退，更不可能重新回到自然货币时代，互联网可以满足人类不断增长的物质文化和社交需求。所以人们为了实现自己的各种时尚追求，不断在升级网络货币支付的客户端。而今，人们更需要的是一种自由、安全、无时差、私密性强的支付方式。举个例子，假如你看中一款电商平台上的秒杀商品，除了精力集中、动手要快之外，同时还应该选择一个交易迅速的付账平台。当然有时候人们并不想让别人看到自己到底买了什么，尤其是那些滑稽可笑的"成人用品"。事实上，数字货币完全可以帮你解决这样的问题，尤其是区块链技术的出现和应用，完全打破了旧日常规。

摩根大通的CEO对区块链技术的看法是：出现在加密和电子证书

的区块链技术，将来会十分有用。美国运通公司的副总也对区块链技术大加赞赏，他认为区块链技术在金融领域、B2C 或 B2B、跨地区汇款等业务方面都有着极大的技术优势。而“区块链”不仅可以打破西联这等跨国汇款集团的垄断地位，而且还可以大幅度降低服务费，并实现交易两端的透明化、公开化。事实上，区块链仅仅是数字货币的一项优势技术而已。

数字货币的到来，其目的并不是为了挑战垄断的“权威”，而是作为一种优势货币，它更符合时代潮流。如果新型货币被驱逐，那么我们又要回到“劣币逐良币”的荒蛮时代。就如孙中山先生所说“天下大势，浩浩荡荡，顺我者昌，逆我者亡”的道理一样，数字货币是大势所趋，拦是根本拦不住的……

经过了长期的观察与思考，许多政府和银行似乎有意对数字货币进行“招安”。他们认为，数字货币的技术如果为国家效力，在监督和管控下将会发挥更大的作用。

或许此时有人会失落地说：“打破垄断这句话又成了儿戏。”其实“垄断”并不可怕，可怕的是货币发行背后的阴谋和交易的乱象。如果数字货币能够打破“腐败、低效、暗箱操作”，也就是打破垄断背后的“人为因素”，即使数字货币为国家所管控，那也是时代的进步、货币发展史的里程碑。

| Chapter 10 |

数字货币的现状与发展

“理想很丰满、现实很骨感”的数字货币

数字货币有一颗野心，它的野心就是完全取代信用货币成为新货币时代的佼佼者。有野心是好的，如果没有野心也就不会有进步。数字货币自从 2009 年诞生至今，已经分化出许多个品种，有比特币、莱特币、狗狗币、元宝币等，这些数字货币虽然一度上了头条成为金融圈的“明星”，但是这个“明星”绯闻缠身，更多的是负面的报道，这又是怎么回事呢?

比特币作为数字货币的开山之作，它的确有令人耳目一新的感觉。首先它诞生于网络，靠“算力”而生，数量有限，交易对等，而且完全不需要“中介”参与。如此优秀的时尚产物，怎么会不让人珍惜呢？其次，比特币又表现出强大的生命力，它不停地升值，像黄金那么值钱，引无数英雄竞折腰。

许多人开始纷纷投资比特币，有玩短线的，也有炒长线的，有的只是为了玩一玩而已，有的则是抱着发财的美梦。不管目的为何，在最初的那段蜜月期，几乎所有的参与者都赚了钱。然而好景不长，比特币开始大幅度下滑，甚至比过山车的震荡幅度还要大，那些投下血本的人，眼巴巴地看着自己的“血”被比特币抽走，恨不得砸碎比特币交易平台！那么，比特币到底怎么了？是翻脸不认人了，还是另有其因?

经过调查，大家发现比特币虽然看上去“柳叶弯眉樱桃口”，但漏洞还是蛮多的。

首先，挖掘比特币的“矿工”所提供的平台各不相同。这么说吧，人们想要获得比特币，除了自己挖，大多数还是要靠矿工所提供的交易平台来购买。因为每一个平台都不一样，所以也会遇到不同的问题。

比如A矿工，因为此人是个比较诚实守信的人，所以他提供的平台常常也是比较靠谱的：其一，他不会为了利益弃坑而逃；其二，他会如实地告诉你比特币目前的行情。但是这样的矿工少啊，尤其是在数字货币界，活雷锋数量远远小于三位数。如果投资者有幸能够碰上A矿工，那几乎犹如彩票中大奖！

相信大多数人遇到的都是B矿工，B矿工是典型的商人，商人的本质就是“追金逐利”。与之相对应的B矿工平台可以说是“王婆卖瓜自卖自夸”式的平台。为了吸引人进来投资，B矿工会“扬长避短”“避重就轻”，什么好听说什么，甚至还溜须拍马！只要你乖乖地拿钱来，至于服务嘛，那就是另一码子事了。在这种情况下进行盲目投资，往往会出现大问题。因此许多人在这样的平台赔了钱，有的人甚至血本无归。

除此之外，还有C矿工！这样的矿工或许不能称之为矿工，他有可能只是制作了一个外观与比特币交易平台相似的伪基站，伪基站的目的就是为了骗钱套钱。换句话说，C矿工是典型的诈骗犯。目前，这样的伪基站并不少，上当受骗的人也在日益增加。这种拉低“信誉”的基站，也毁了比特币不少清誉！原本理想满满的数字货币，此时却为诈骗犯背了黑锅，而这一切又全拜C矿工这种诈骗犯所赐。事实上，还有许多好东西也是毁在这群人手里！

除了比特币，莱特币、狗狗币等都遭遇了相同的情况，它们不是背黑锅就是被投资者认为是一场“阴谋”。因为它们是虚的，既看不见也摸不着。人们往往喜欢那些实实在在的、可以抓在手里的东西，比如钞票、黄金。虽然数字货币提供了一种新思路，但是这种新颖的东西尚未被那些“顽固不化”的分子所接受。不过数字货币面临的最大挑战并不是平台的问题，而是迟迟无法被银行和政府认可。

在许多银行家的眼里，数字货币更像是一款网络游戏，它根本就不是货币！货币之所以被称为货币，必须要有银行的授权。显然，数字货币并不打算让那些银行家或者政治家随意摆布。从表面上看，数字货币确实很有“骨气”，有一种“一树寒梅傲霜雪”的气魄！但是思考之后我们再看，数字货币不愿意做“提线木偶”仅仅只是“去中心化”那么简单吗？换句话说，那些金融大腕们始终觉得数字货币这种东西完全是虚无缥缈的，甚至连它的价值都值得怀疑。

数字货币的价值主要体现在两个方面：算力和数量。算力其实就是消耗的脑力、体力和电脑，数量则是按照一定的算法从互联网上得到的数字货币量。看上去，数字货币的获取方式还是比较难，而且需要一定的成本，但是这个成本并不是一个具体的数字，比如这样的脑力值多少、体力又值多少，唯独消耗的电脑耗材和电费等是一定的。但是问题又出现了，数字货币的“矿坑”又被多少人认识和肯定呢？数字货币的“矿”并非地球上储存的矿藏，它只是一个人打发光阴而自娱自乐搞出来的玩意儿。这个玩意儿对自己来说是个宝贝，对其他人而言可能就是可有可无的东西。

有人去刻意否定它，自然也就有许多人去捧它。数字货币发展到现在，如果没有一定数量的支持者，恐怕早就折翼坠毁了。事实上，数字货币的出现更多是一种“威胁”，这种“威胁”是相对于那些垄断集权而言的。或者说，它动了某些银行家的奶酪，甚至抢走了许多资本大鳄的生意，比如跨境支付行业。那些追捧它的人，其实就是那些追求货币自由的人。他们不想让自己的权利控制在其他人的手里，抑或说他们自己也想拥有“银行”一样的权限。

或许有时候数字货币被追捧者夸大了，又或者这仅仅是追捧者的托词而已。现实中的数字货币依然存在波动大、黑客攻击、洗钱等诸多致命缺陷，只有一步一步地慢慢弥补，从 1.0 升级到 2.0，甚至 3.0 版本，数字货币才能够摆脱尴尬的境地，给质疑者一记响亮耳光！

数字货币的法律翅膀

《管子》中曰：“法者，所以兴功惧暴也；律者，所以定分止争也；令者，所以令人知事也。”自古以来就有律法，所谓律法其实就是现代人所讲的法律。有人说，法律之内皆是人！人如果目无王法，势必要受到惩处。《圣经》中说，人是带着原罪来的，本来就是要认真赎罪，而更不能去犯罪！而在现实中，犯罪比比皆是，金钱往往是引发犯罪的重要因素。

讲个故事，古代某人家中贫困，每到月底都无米下锅。为了生计，此人十五岁学了一门打铁手艺，靠打铁赚点辛苦钱。打铁者苦啊，如果赶上兵荒马乱，打铁的收入还不错，但是在和平年代，打铁赚来的钱养家仍旧是杯水车薪。后来此人认识一个铸匠，铸匠心灵手巧，善于制作各种精密零件。此人“三顾茅庐”拜铸匠为师，后来学会了铸造的手艺。

穷生罪恶，因为对金钱的迫切需求，此人做出一个大胆的决定：自己伪造铜钱！要知道，在金属货币时代，其价值往往由金属的市场价值所决定。也就是说，伪造铜钱这事本身就不靠谱，甚至说根本不赚钱！但是此人已经豁出去了，不管别人如何劝阻，硬是做了一个铸模出来。几日之后，他终于做出了一挂铜钱！结果还没等他将钱捂热，衙门的人便闻讯赶来，将其抓走了！

伪造金钱这等事任何时期都有，古代有人伪造铜钱，后来有人刻版印制假钞，再后来甚至还有虚假电子货币等。因为钱滋生罪恶是人的本性，而这种本性只能通过法律来约束。

言归正传，回到数字货币的话题上。数字货币这几年发展得很快，各种宣传类广告比比皆是，看上去数字货币是一种很高的“金融工具”，或者说是一种很不错的“金融投资产品”。但是我们又不得不承认，数字货币到目前为止还没有哪一个国家认可它并承认它是一种流通货币，甚至它连一个“法定”身份都没有！没有法定身份，就如同人没有身份证一样，不但流通受限，甚至处处受到排挤，或者借着“三不管”的身份招摇撞骗、惹是生非。以笔者看来，数字货币想要走上正轨，首先要被法律所认可。

之前没有被法律所认可，此事不在于“法律”，而在于数字货币发展时间短，还没完全形成气候，或者说它的影响力和破坏力还十分有限，功能虽然强大但是大多数人并未认可。想要插上法律的翅膀，数字货币还应该具备以下条件。

一、确定数字货币的发行单位

完全民间化的数字货币并不被人看好，因为自古以来货币的发行单位就是国家。从社会角度看，货币发展到现在并不仅仅只是充当一般等价物，更重要的是参与货币体系的建设和金融骨架的构造。换句话说，货币已经由一般等价物上升到金融统治工具的地位。

数字货币想要打破这种“一统江湖”的局面，不管是“区块链”技术，还是“去中心化”特点，这些看上去的巨大优势放在“集权”面前，就成了致命伤。数字货币想要成为“合法”的货币，被“中心化”是必要条件。否则，它只能充当货币之外的“理财产品”领取合法身份。但如果数字货币仅仅只是一种商品，那确实又是一件悲哀的事。

二、对数字交易平台进行有效监管

目前数字货币平台频频引发的经济犯罪，似乎说明一个问题：数字货币缺少必要监管。数字货币交易平台所涉嫌的犯罪主要有三种：

其一，诈骗。

这一类占据多数，许多平台的设计者为了拉拢更多的人投资，前期对平台进行了“包装”和“伪装”，当许多人拿着钱同时进入平台时，资金池开始不断暴增。但是数字货币交易平台并不像股票交易所那样被国家管控，即使买股赔钱，和尚和庙都跑不了。数字货币有所不同，因为没有管控，所以当资金池上升到一定“水位”，平台设计者就可能会“携款潜逃”。这类“诈骗”定性不难，但是破案却不容易。

其二，泄露个人隐私。

进行数字货币交易之前，同时也需要验证个人的身份信息和银行账户。在个人提供相关隐私信息之后，数字货币交易才能启动。于是泄露个人信息的风险也就存在了。如果你碰上一个品德好的人在管理平台，那么，他的人品可以保证你的隐私不被泄露；如果你碰上一个人品差、靠卖隐私发财的人，那你只能是那个倒霉鬼了！

其三，洗黑钱。

“洗黑钱”这等事每时每刻都在发生。过去许多人往往是通过赌场、地下钱庄、民间放贷、走私等方式洗黑钱。但是数字货币出现之后，洗黑钱一下子变简单了。因为缺乏监管，而且数字货币的交易存在隐蔽性，这就容易被洗黑钱者利用。黑钱通过平台购买数字货币，然后再通过数字货币兑换成现金！如果数字平台被管控，洗黑钱这等事也就无法实现了。

三、提高交易的稳定性和安全性

想要打上合法印记，首先这套交易程序必须是安全有效的，其交易风险必须要得到控制！事实上，现在数字货币交易平台并不能让人放心，平台频频遭遇黑客攻击，而且系统也无法保证每时每刻都能顺畅运行。想要被市场所认可，必须要成为一种完美的“产品”。只有被市场完全认可，才会有相关配套的法律找上门来。

以我国为例，现在我国对虚拟货币的监管主要是针对“网络游戏币”，比如Q币等。因为“虚拟游戏币”仍然只属于游戏范畴，或者它只是一种普通商品而已，并不具备货币属性。而数字货币却不同，数字货币出现的目的就是充当一般等价物或者金融工具，它的性质与“虚拟游戏币”完全不同。

不久之前，央行行长周小川提出“央行数字货币”这一概念，并表示数字货币的优势已经体现出来，只是需要将它们整合在一起。或许正像央行行长所表达的那样，只有法律为其保驾护航，数字货币才能展翅高飞。

民间发行的非官方数字货币

说到货币，我们还是先回顾一下货币的发展史。交子算是历史上最早出现的纸币，这种纸币虽然流通有限，仅仅在某些商业联盟内使用，但是却很好地起到了交换物资的作用。交子并不是官方的，而是民间发行的。除了交子，后来还有银票等各种票，这种票是一些大钱庄所印发，不过也只能在有限的范围内使用，不能广泛用之。后来交子被政府招安，成了官方纸币。官方发行的纸币使用范围就广阔了。但是不得不说，大多数官方的东西都是从民间招安过来的，货币也是如此。

曾经被广泛应用的民间货币，恐怕只有原始社会的自然货币。因为那时候还未形成商业，更没有金融体系。如果抛开这些因素，货币的职能是很简单的。在现代社会，也有一些民间发行的、可以用来购物的“价值符号”，比如超市发行的购物卡、酒店发行的住宿餐饮代金券、美容院发行的积分卡，以及各种网络游戏币等。但是这些“代货币”用途有限，只能在自己或者部分区域内使用，或者仅仅是一种促销模式。

随着互联网的发展，民间数字货币带着一种突出重围的态势出现了。它借助覆盖全球的互联网一举崛起，并声称自己是一种数量少、获取难度大、具备相当价值的货币，而不是那种只能用来购买虚拟服务的游戏币。这件事在金融圈内迅速发酵，一度成为搜索热词。

不过数字货币出现伊始，批评声高过赞美声。有人说，民间的东西不靠谱，说不定就是一骗人的东西。理智一点的人则这样评论：民间发行的货币是否具备货币功能是需要长期论证的，至少目前它还不能称之为货币。还有人将矛头指向政府：打破垄断就靠民间数字货币了！这样的争论一直到现在，尚未有一个具体结论。

政府对民间发行的数字货币也是持模棱两可的态度。以德国为例，德国认可数字货币在税收方面的作用，同时也给予了合法保护，只不过德国仅仅将数字货币归为“个人财产”，而非法定货币，德国的法定货币依旧是欧元。在新加坡，如果你通过交易数字货币取得了利益，也应该按照收益比例进行交税，从某种程度上也算是对数字货币的一种认可。美国的某些州也承认数字货币具备“价值”，尤其是硅谷的所在地——加州。除此之外，民间数字货币并未被当地政府和银行所认可，它仅仅是一桩互联网生意，交易的风险也只能由个人所承担。在这里，需要强调的是：不是民间数字货币不够好，而是民间的话语权实在有限。

举个例子，前不久余额宝等现金管理工具被经济学家所抵制，他们认为余额宝等采用“高息”吸引民间资金，致使银行存款数量减少，如果数量达到一定的水平就会影响到银行的国家职能！

其实这些评论是极其片面的，真正影响到银行存款数量的是民间流行的“高利贷”和“地下钱庄”！像余额宝这样的现金管理工具，不但便于打理，而且安全性很高、并且风险性远低于“地下钱庄”。人们借助余额宝进行理财，其实是非常好的选择。除此之外，余额宝这样的民间机构所提供的个性化服务，恐怕也比某些垄断行业好得多！但是当它陷入“口水战”中，似乎很难像官方机构动用社会资源那样息事宁人。归根结底，只能说余额宝作为民间理财工具，它的话语权还不够！

讲到这里，似乎有人开始害怕了：“我存到余额宝里的钱会怎么样？会被银行冻结吗？”其实这样的担心是完全没有必要的。虽然民间机构的话语权不如官方，但是当它在合理、可控的范围内，不但不会带来麻烦，而且还可以帮助官方部门分担一部分职能压力。

以数字货币为例，它的支付优势在于跨境支付方面。传统官方银行在办理跨境业务方面，时间长、办事效率低、产生的附加费用多。数字货币的出现，完全可以解决这样的问题，至少在某些特殊业务或者加急业务方面能够起到很好的作用。

其次，数字货币丰富了货币类型。货币种类的增加并不是一件坏事，是人类需求的结果，数字货币是人们严重依赖互联网而出现的。如果没有互联网，也就没有数字货币。现如今，官方并未推出自己的数字货币，仅仅推出了普通的电子货币。但普通的电子货币根本无法实现人们渴望的互联网家庭梦想，而数字货币却可以帮其实现。换句话说，数字货币在某些领域可以弥补官方的不足，并代替其行使职能。

数字货币虽然诞生于民间，但是它完全可以像千年之前的交子那样，经过一步一步演变，最终成为法定货币。历史上的法定货币大多是由民间货币演变而来，金属货币、纸币皆属于民间发明。如今，传统货币已经跟不上时代的潮流。比如黄金，黄金不仅不便于携带，而且往往因其数量而导致通货紧缩。与黄金相对的纸币，因为印刷方式简单易行，常常会增发、滥发，从而导致通货膨胀。如果数字货币的技术为国家所用，那么它完全可以取代传统货币成为新的法定货币。

数字货币的民间身份并不是一件丢人的事，古往今来，农民家的儿子最终登上皇位的也比比皆是。数字货币能否有个好前途，除了政府和央行的容忍度外，还需要加强自身建设，找出不足，弥补漏洞。唯有如此才有可能荣登榜首，将迂腐、保守、官瘾大的传统货币赶下历史舞台。

国家管控的官方数字货币

讲一个故事：许多年前有个年轻人发明了一个潜水装置，这个装置看上去既滑稽又可笑。他的朋友劝他："唉，伙计！难道你要靠这个铁疙瘩发财吗？"年轻人摇摇头，然后解释："这是我的理想！"

俗话说，理想很美满，现实很骨感。最初的那段岁月，他确实遭遇了各种各样的质疑，甚至想到过放弃。不过他的妻子始终在背后支持他：

“不管你以后做什么，我都在背后支持你！”这个年轻人似乎得到了“洪荒之力”，进而放手一搏！经过数次实验之后，他的铁疙瘩终于成功了。后来此人参加了数次海洋设计大赛，他的铁疙瘩也屡获大奖。更令人称奇的是他的潜水装置后来被政府所利用，并据此研制出了新一代具备海洋探索功能的潜水艇。

其实这样的故事还有很多，来自于民间的发明最终升级成为官方指定产品。结合新数字货币这项发明，能够被官方认可的东西往往具备以下几个特点。

一、使用价值高

一个发明的好与坏，并不是看它的稀缺性，而是看它的实用性。如果它的使用价值远远超出现有产品，那么它就具备被大面积推广应用的条件。而那些古怪的、使用价值不高的发明则并没有多少推广价值。

以数字货币为例，在笔者眼里，数字货币的使用价值是非常高的。它不仅仅是一项发明，而且还大大提高了流通效率。传统的货币流通，往往要消耗大量的人力和物力，除此之外，还有可能出现各种错误，比如人为统计错误。而数字货币的使用价值就非常值得政府和央行去研究和推广。

二、极具创新精神

所谓创新，并不是简单的改造，而是一种看上去“面目全非”甚至“不切合实际”的完全打破传统的发明，这样的发明自从诞生那一刻就注定是一颗冉冉升起的明星。数字货币其实就是对传统货币理念的颠覆，之前谁又曾想过货币能够变成完全虚化的形式呢?

正因如此，数字货币这种完全隐形的货币招来了很多非议，有褒奖也有批评。但是以发展的眼光去看，数字货币恰恰是那个可以打破传统、挑战权威的超级发明。随着它的知名度越来越高，也引起了政府的关注，甚至许多国家开始考虑推出“官方数字货币”，这难道不是创新精神所带来的效应吗?

三、具有划时代意义

人类经历了三次技术革命，第一次是蒸汽机，第二次是电力，第三次是计算机。对于人类社会而言，三次重大的技术革命都具有划时代的意义。换句话说，如果没有三次技术革命，恐怕人类还过着点煤油灯、日落而息的原始生活。自从有了技术革命，楼上楼下电灯电话的生活已不再是新鲜事儿。

随着互联网的高速发展，人类已经进入全网覆盖的时代。如果没有网络，现代人的生活将会变得索然无味。而数字货币的出现，又给人们提供了一种新的支付手段，这种支付手段不仅时髦，而且简单易学，方便好用。通过数字支付平台，人们坐在家里就可以体验到购物、理财、投资等乐趣。这一切都是政府所看重的，因为提高民生质量一直是大多数政府所头疼的问题。倘若借助数字货币这种革命式的发明能解决这些问题的话，想必是极好的!

四、可以明显提高政府职能

这一点才是最重要的，因为只有提高政府职能才有可能被官方使用。政府控制货币发行权的最终目的就是为了发挥职能，建立稳定的货币金融体系，而数字货币显然比传统货币更具优势。

如今互联网已经改变了世界，传统货币在互联网时代已无用武之地。货币的发行和流通方式面临着重要抉择，即使不是数字货币，另外一种互联网形式的货币也一定会出现。除此之外，互联网时代也要求政府职能有所变化：

1. 要求政府提高施政效率；

2. 增加人性化服务；

3. 减少人为环节形成的腐败；

4. 节省开支；

5. 公开透明的施政政策；

6. 能够适应当前的社会发展、科技进步。

以我国为例，前不久央行行长周小川出席了一个数字货币研讨会，这个研讨会足以说明国家对新数字货币的重视。周小川在会上肯定了数字货币的诸多优势，而且还表示国家会有计划地推出“央行数字货币”。换句话说，“数字货币”的发行主体如果换成是官方，这件事似乎就差不多了。

我们再重新回到货币的属性，货币本身没有价值（尤其是信用货币时代），它的价值只是官方赋予的信用而已。也就是说，只有官方发行的货币才能称之为货币！央行数字货币一旦推出，这种货币就会像普通的钞票一样，具有官方赋予的信用，只不过“外观”与普通货币不同而已。

央行数字货币不但可以适应时代潮流，而且在国家管控监督之下更能发挥其效力。众所周知，传统货币容易引发通货膨胀，而央行数字货币的数量是固定的，不会出现这样的问题。在技术方面，数字货币的流通方式和记账方式可以减少人力环节，因此可节省大量人员开支。同时，“点对点”式的结算功能则会进一步完善国家的支付体系，提高支付效率。当然现在官方数字货币还仅仅是一个概念，它的推出还需要经过长时间的论证以及技术上的突破。

但是可以想象的是，官方数字货币与民间数字货币差异巨大。现行体系下，只有官方数字货币才能真正地成为流通的法定货币，而数字货币的巨大技术优势也将保障国家以及央行货币政策的顺利运行。

数字货币 “消灭”真实货币的种种可能

曾经有一个科幻电影，描述了一个未来的“水世界”。海平面上升迫使人类由陆地来到海洋上生活。人们不再依靠土壤，不再需要树木、各种植物和果实！人类的生活方式发生了翻天覆地的变化，甚至也不再需要国家和银行。未来的世界到底会怎样，我们无法猜测。中国古人曾经幻想月宫之上有嫦娥，嫦娥怀里有玉兔，吴刚在外面砍着桂花树，天蓬元帅跑到月宫调戏嫦娥被贬下凡人间化成一只肥猪。如今人类早已造访了月球，月球表面除了一个个的环形山和无边无际的荒漠外，就是酷热和严寒交替，毫无浪漫可言。人类的进步不仅可以实现梦想，有时候还会击破错误的幻想。

再举个例子：三十年前我们去买东西还要“凭票”，后来不仅不用“凭票”，还可以随便用手上的钱去购买。只要你有钱，你完全可以买一架飞机。再后来，各种卡取代了钢镚儿和钞票，人们手持一张银行卡就可以走遍世界。现在，各种互联网钱包让人们消费、出行更加方便了。只要你有一个手机，就可以做自己想做的一切事情。“替代”是社会进步不变的真理，没有“替代”就没有新生命，没有新生命就不会有进步。

数字货币就是专门为“替代”而生的，就像金属货币取代自然货币、纸币取代金属货币那样。数字货币不仅仅是互联网的“宠儿”，现在也渐渐成为人们必不可少的支付工具。笔者看来，未来的数字货币确实存在消灭真实货币的可能性，而且这个可能性非常大。

从货币形式看，数字货币几乎完胜真实货币！

数字货币没有身躯，没有体重，没有物理化学属性，完全是一串网络数字符号。当然这串符号不是普通的符号，而是靠“算力”得到的符号。这串符号如同黄金一般珍贵，而且永远不会消亡。打个比方，数字货币如同幽灵，来去自由。你无法复制它，同样也无法消灭它，你只能拥有它或者转移它，抑或通过自己的算力去挖掘它。

真实货币呢？钢镚儿，金属制作，圆形的，而且有一定重量，上面也标注了价值大小。钢镚儿其实也不错，携带方便，常常可以用于出门坐公交车。但是这个东西圆滚滚的，如果保存不当，非常容易丢失。有一个例子，某城市环卫工，几乎每个月都可以捡到几十到一百个数额不等的钢镚儿，甚至还有“职业捡币人”，专门用装备捡滚入下水道的钢蹦儿！讲个笑话，倘若你失业了，目前还没有找到工作，完全可以去大街上找钢蹦儿，或许会收入不菲。

纸币有时候还不如钢蹦儿，最起码钢蹦儿难以损坏。讲一个我自己的故事，几年前我去外地出差，由于天气炎热，几乎到了挥汗如雨的地步。当我回到酒店，整理衣物时才发现，身上的钞票竟然被汗液浸透，有的甚至已经破碎！于是乎，我只能将泡过汗液的钞票摊开，放在窗台前晾晒。即便如此，仍有许多钞票已完全损毁，只能去银行窗口更换新的钞票。除此之外，我还有数次将衣物连同钱包一起丢进洗衣机的经历，那些可怜的纸币最终变成了废纸。脆弱的物理属性使得纸币难以保存，而破损不堪的纸币又往往无法回到银行销毁而继续在世间流通，严重影响到市面货币数量的平衡。

除此之外，纸币的一生不知道经过了多少只手，上面沾满了各种各样的细菌。据某医疗机构检测，一张看似干净的纸币上面通常有数亿个细菌和病毒，在传播过程中很容易给人的健康带来隐患。

从交易的安全角度出发，数字货币也比真实货币安全。

有一个故事：在古代，有一个人打算用自己的羊换一把更加结实的弓箭。于是第二天一大早，他便牵着羊来到了交换集市。或许他来得太早了，集市上空无一人。大概等了半个钟头，还是如此。于是他将羊拴在树上，忙里偷闲去买了点早餐。等他拿着几个馒头回到集市，发现自己的羊不见了。后来一老汉告诉他：羊被另外一个人牵走了，后来被用来换了一把弓箭。

故事中的羊并非只是一只动物，而是古人用来以物换物的“自然货币”。既然像羊这么大的“货币”都会被盗，那么小小的钱包则更容易被扒窃。据统计，全国每年发生的盗窃案有数百万起，盗窃金额达数亿元以上。什么公交车扒手、入室抢劫、抢劫杀人等，大多都是冲着钞票去的。当一个迫切用钱的罪犯看到一打金光闪闪的钞票时，那颗犯罪的心就再也按捺不住了。

数字货币因为没有实物形态，它仅仅只是在互联网中传播和交易。就算一个小偷盗窃了你的手机或者电脑，在密码的保护下，你的数字货币钱包依然是安全的。

除此之外，实物货币的发行数量可以任意更改，增发会引起通胀，减发会引起通缩。数字货币由于受制于“算法”而无法增发或者减发，数量是有限的。如果是央行发行的数字货币，那么它完全可以像传统的货币那样行使货币职能，而且更易于控制和管理。

说到这里，想必许多人可能会认为，数字货币必然要取代真实货币。换句话说，必然代替是一个趋势，但并不会在一天之内完成。就像纸币代替金属货币，电子信用货币代替纸币一样，这样的代替只是某一方面或者局部。就算科技发展到今天，市面上仍有大量的金属货币、纸币在使用，比如乘坐公交车、找零、超市购物，或者网络覆盖不到的地方依旧无法使用互联网平台进行数字货币的消费。

以笔者看来，以某种形式的货币为主、多种形式货币并存，才是丰富货币市场、完善货币制度的最终走向。未来，少量的纸币和硬币依旧存在，因为我们无法保证全网络的覆盖以及网络传递的持续畅通，而少量的现金不但灵活可爱，而且还具“收藏”价值，为啥还要全部消灭呢？

数字货币是否会引起通货膨胀

从过去到现在，世界范围内爆发过无数次的金融危机，有的金融危机如同海啸般破坏威力巨大，甚至可以摧毁一个国家苦苦建立起来的货币体系。金融危机一旦爆发，躲是躲不过去的。对于普通人而言，金融危机还是一个“虚化”的概念，只有当手里的钱不值钱了，人们才会深深感受金融危机带来的痛苦。那么一个偌大的国家，为什么会随意增发货币引发通货膨胀呢？

增发货币其实是一种国家调控手段，合理的通货膨胀并不是坏事。比如说，为了刺激消费，按照经济学的方式方法适度增发货币，可以刺激经济增长。不过这种“好事”比较少，大多数增发货币的目的是为了弥补财政赤字。

简单打个比方，国家是一个巨大的机器，如果让这个机器保持运转就要不停地花钱。有时候这个机器也会出毛病，于是就会花更多的钱治病。久而久之，钱不够用了，就形成了赤字。此时国家政府就会督促央行多印点钱，通过增发进行补漏。事实上，通过增发弥补财政赤字的做法无疑是掩耳盗铃，因为这种做法只是将一部分压力转嫁到民间，通过民间这个“大过滤器”进行过滤和消化掉。说白了，补偿赤字的那一部分钱是老百姓出的！

传统货币其实是一种非常容易制作的货币，如金属货币就是简单的铸造，纸币则类似于活字印刷。货币发行系统发行的货币数量是完全可变的，任何时间都可以增发。但是数字货币与传统货币有很大的不同，它不能随便增发，它靠算力获取，数量是有限的，而且人为不可控制。表面看来，数字货币是不可能引起通货膨胀的。当然这仅仅是一个设想，因为世界上还没有哪个国家是用数字货币充当法定货币的。数字货币能否引起通货膨胀，我们只能假设两种状况去分析。

第一种，数字货币不是法定货币。

数字货币如果不是法定货币，恐怕就不能称之为严格意义上的货币，它只能算是一种商品而已。作为一种商品，它并不畅销，影响力有限，没有资源优势，也形不成垄断，甚至它已经被许多政府或者地区“边缘化”了。这样的数字货币就如同一个流浪的孩子，它怎么可能影响到整个社会呢？基于此，数字货币引发通货膨胀是一件很可笑的事。

另外一种情况是数字货币相当流行，作为法定货币外的一种补充，它可以增加一个地区的货币总量。但是数字货币不借助国家信用，它只是靠个人算法得到的，也就是说数字货币并没有消耗社会资源，而近乎属于一种“无本增发”的货币。如果是这样，一个地区的货币总量增加了，就会引起小幅度的通货膨胀。只是这样的膨胀微乎其微，几乎感觉不到。通常情况下，只有大量增发法定货币的数目才会引发规模较大的通货膨胀。

第二种，数字货币是法定货币。

当然这是一个纯粹意义的设想和讨论，不具备任何参考价值，只是笔者的个人观点。以未来央行数字货币为例，笔者认为，作为法定货币的数字货币，不仅仅在行使货币职能上具有巨大优势，而且其运行速度更快，可以大大降低各环节开支。假如央行数字货币也是按照法律保护的“算法”进行挖掘，那么它的数量是固定的，无法进行人为增发。

说到这里，大家似乎觉得数字货币真好，无法增发数量也就完全不会引发通货膨胀。但是别忘了数字货币数量虽然有限，但是却可以进行无限“分割”。事实上，没有人做不到的事情，只有想象不到的事情而已。

还有一种情况，按照不同的算法就可以获取总数量不等的、名字不同的数字货币。比特币的总量是2100万枚，莱特币的总量有8400万枚，但是狗狗币的总量竟然有1000亿枚。可想而知，如果是其他的算法，即使某数字货币有固定不变的数量，也可以像宇宙繁星般接近无限。如果央行数字货币是按照这样的算法得到的，那无疑也会引发通货膨胀。

数字货币引发通货膨胀依旧是个伪命题，只不过是个人的想象而已。

如果央行数字货币采取中本聪的算法，那么比特币就是法定货币。假如比特币不能分割，2100万枚的数量甚至比黄金还要稀缺。在庞大的金融体系和人类社会中，数量过少的货币几乎无法在市场上进行流通，如此只能造成通货紧缩。严重的通货紧缩与通货膨胀是两个极端，不管是哪一种都会对社会货币体系有巨大的破坏力。

数字货币还是一种“年轻”的货币，甚至它还仅仅是一个概念。它现在还没有完全定型，有时候安静，有时候还会顽皮。人们希望它能够去中心化，能够公平地站在自然人与银行之间。数字货币代表着人们的美好愿望，即在行使货币职能、构建货币体系的情况下，缓解各种矛盾。除此之外，人们还在担心数字货币的算法、安全性及人为的暗箱操作等问题，当然这些问题都是目前数字货币亟待解决的。只要人们把数字货币当成一种真正的货币，这样的担心就会一直存在。

事实上，不管是什么形式的货币，增发与否不是看货币本身，而是看一个政府和货币发行机构的信用和良心。哪怕数字货币当道，被“中央化”的数字货币依旧可以通过调整算法、无限分割达到它想要达到的目的。而我们只能抱着美好的愿望，用一种谨慎且乐观的态度去适应和看待吧！

悄悄来临的无现金时代

大概十几年前，路边风靡各式各样的钱包，真皮的手感好、人造革的款式新、布艺的复古唯美，甚至还有珍珠贝壳制作的钱包。那时还没有进入看脸时代，手上的钱包是最吸引眼球的地方，不管钱包是干瘪还是鼓胀，至少是一个时代的印象。

如今，钱包已经不是热销品了，更多只是一种装饰。失去功能的钱包逐渐被移动互联网设备所取代。不管是街头巷尾，还是人头攒动的地铁，几乎人人都拿着手机，有的聊天、有的打游戏、有的理财、有的买东西……人们已经离不开网络，而小小手机就可以帮助我们实现一切的需求。

举个例子：一个年轻人准备在成人典礼之前实现游历全国的梦想。首先他从 EBay 上买了一辆看上去不错的自行车，而后赶了“亚马逊”打折季的一个购物活动，买到了所有旅游必需品，之后他的梦想之旅从他的故乡内布拉斯加开始了。

他通过手机 GPS 寻找合适的骑行路线，吃饭住宿则完全靠手机钱包和一张银行卡进行消费。有意思的是，他身上除了手机和银行卡之外，没有一分钱的现金。如果放在几年前，这简直难以想象。电子货币和数字货币的出现似乎让旅游目的变得简单，再也不需要考虑旅游行程中“如何放好钱包”这种棘手的事情了。后来这个年轻人历经 103 天实现了自己的梦想，而他在实现梦想的过程中所有花销都是通过互联网实现的。

这个年轻人的行为并非什么壮举，而是一种普遍现象，如在中国，去饭店可以扫二维码、住酒店可以微信支付，甚至连超市收银也增加了“支付宝”等多种付款选择。曾经人们总会有忘记带钱包的尴尬，而现在则根本不必为这事烦恼！支付方式的改变不仅是货币的进步，更是人类踏入更高级文明的开端。

目前世界上已经有国家开始在推广“无现金计划”，比如欧洲小国丹麦。2015 年 5 月份丹麦公布了一项方案，此方案取消了商店必须接受真实货币的法律法规，旨在推广移动支付。2016 年年初，丹麦正式施行“无现金”国家方案，要求与消费相关的服务机构采用移动支付软件，与此同时也对电子现金交易平台进行强力监管。此方案一经推出就引起了社会的强烈反响，有接近三分之一的丹麦人开始使用移动支付软件。

除了丹麦，一些互联网覆盖面广的国家也在尝试“无现金”计划，比如以色列。2014 年，以色列总理内塔尼亚胡也出台了一个相关政策，旨在废除落后的“传统现金交易”。在他看来，电子现金或者数字现金交易可以精简交易流程，而且还可以减轻现金安保管理的压力。除此之外，先进的支付手段还可以防止“洗钱”等违法犯罪行为。越来越多的国家开始思考并推出“无现金计划”，这是顺应时代潮流的一件大事。

“无现金”早晚都要发生，但是以当前环境而言，还不能一蹴而就，任何事物的更替演变都需要大量时间。目前“无现金”计划面临的阻力大概有以下几个。

其一，贫富差距影响“无现金”的推广

“无现金计划”之所以能够在丹麦、瑞典、以色列等国试点推行，是因为这些国家经济高度发达，民众贫富差距小，生活富足，手有闲钱可以“恣意”选择支付方式。而那些欠发达地区，甚至贫困地区，人们物质生活水平低，甚至还过着“有上顿没有下顿”的日子，这种情况下很难推行新的支付方式。改善他们的生活现状才是更重要的事情。

有人说过一句话：战乱时期推广和平政策，贫穷时期推广致富政策。按照这个理论，只有在人们富裕了，才能推行“消费”计划。

其二，网络覆盖率决定“计划”是否能得到执行

移动支付是借助互联网实现的，如果没有网络信号，移动支付就无法进行。如今，绝大多数的国家都在竭力推广互联网，只是有的国家推广得快，有的国家推广得慢。

以我国为例，东部沿海发达地区，互联网覆盖率已经超过 80%，几乎村村通网络，家家有电脑！但是在西部山区，恶劣的地理条件无法安装互联网通讯设备。没有网络覆盖，也就无法推行“无现金”计划。

其三，推行“无现金”计划导致铸币税减少

虽然“无现金”计划好处多多，既方便货币管理，而且还可以有效抑制货币犯罪。但是许多国家并不在乎这些，反而在乎自己“口袋”里的钱。推行“无现金”计划，势必影响到铸币税的收入。

铸币税是什么？铸币税其实就是发行货币的收益。比如印刷 100 元钱需要 2 元钱的成本，剩余的 98 元就需要按照一定的比例交税。通常情况下，铸币税与银行提供的存款利率相当。

以我国为例，我国去年发行货币总额为 6.7 万亿元，如果按照银行存款利率 1.75% 进行计算，2015 年中国的铸币税就高达 1172.5 亿元。倘若完全实现“无现金”计划，整个国家就会减少上千亿的税收。如此庞大的税收数字，若减少了的话，恐怕会影响到政府机器的执行能力。值得注意的是，中国发行货币的总量正在逐年降低，或许 N 年之后，铸币税也会成为一个无关痛痒、可有可无的税了。

虽然目前推广“无现金”计划的阻力还有很多，但是人们手中的现金似乎越来越少，使用各种卡、移动支付进行消费和理财的频率越来越高，现金身上的“明星”光彩随着时代的发展也愈加黯淡。

就在不久前，也就是 2016 年的 8 月 8 日，微信支付平台联合全国 40 多家银行和 70 万家实体店共同度过了一个“无现金日”，而这一天也被定为“无现金节”。由此可以看出，无现金的时代即将到来，我们只需静候即可。

大势所趋的未来货币

马克思曾说，货币生来不是金银，但是金银是天生的货币。上千年的货币文化，以“金银”为形态的货币是深入人心的，放眼现在，人们依旧对“金银”情有独钟。黄金白银作为一种价值符号，拥有了它们就相当于拥有了财富。20 世纪 80 年代，我国民间婚俗就流行“三金”，如果没有这“三金”，新郎会没有面子，新娘也会被人瞧不起。黄金白银似乎成了“价值永恒的标志”，就像钻石广告词那样：钻石恒久远，一颗永流传！

黄金时代还未曾离去，信用货币的脚步就到了！信用货币之所以能够取代“黄金”成为硬通货，不是因为它难以望其项背的制作工艺，而在于其政府信用。不过有些人可能会反问：难道政府信用具备这样的价值吗？笔者也会追加一个反问：难道黄金白银就具备这样的价值吗？

再次回到“价值”这个议题，价值到底是什么？价值是如何被定义的？当我们反反复复地寻找价值的答案时，数字货币来了！

数字货币比以往任何一种货币都更加“虚拟”化，它没有形状、没有重量，甚至没有肉体、只有灵魂。就是这么一种东西，最初就有人用它购买了一份比萨饼大餐！事实上，价值只不过是一种商品的属性而已，黄金白银之所以值钱，其实是制度所决定的。打个比方，如果制度可以点石成金，那么石头也可以成为货币！

黄金时代，权力和制度赋予了它改变世界的魔力，但这种魔力又成了一种“业障”，挡住了人们看清货币真实面貌的视线。信用货币不论是在制造还是选材上，其成本远远低于黄金，而电子货币的耗材又远远小于信用货币。世界无时无刻不在发生着变化，即使化学结构稳定、硬度最高的东西，它也依旧会被替代，抑或被分解焚烧！黄金货币也是如此，就连马克思都看走了眼！黄金本位时代已经一去不复返，即使有几次可以复辟的机会，它也没有能够抓住。货币不是金银，金银也不是天生货币，货币只是制度下的产物，它最终的目的只是为了政府行使权力.当我们看清了真相，也就不会为货币这档子事烦恼了。

对于现代货币而言，充当一般等价物只是其中一个功能而已，更多情况下它是被用来构建体系、完善职能、发挥效率、充当杠杆、保护现有的制度，或者在经济建设方面发挥一定功效。如果说传统货币仅仅是治疗某个疾病的特效药，那么现代货币就是一个功效全面、多靶点的全能药，它不仅可以治疗人类的焦虑症，还可以治疗“金融危机”“通货膨胀”“经济衰退”等社会疾病，政府就是希望利用它的“全能”解决那些他们也难以处理的问题。其实未来货币也是如此，它只不过是一种制度下的工具，只是一些特性远远好过传统货币而已。

如果说黄金是人们价值信仰的图腾，那么数字货币就是代替信仰图腾的制度标示。失去价值信仰的人们不再继续关注黄金，更多时候只是将黄金当成一种装饰物或者理财产品而已。数字货币等未来货币的出现也给人们眼前一亮的感觉，它一方面解决了人们在互联网海洋中“冲浪”的需求；另一方面还给政府提供了新思路。

举个例子：一个国家如同一个大机器，这个机器正常运转的前提就是不断地“烧钱”。为了正常运转这个机器，国家不得不控制货币的发行量。但是传统货币除了在印刷方面成本较低外，运行及流通成本却极其高昂。比如银行，银行是用来取款、存款、办理信贷业务及各种理财的机构，但是一个银行往往需要雇佣很多人，而且这些人的薪水通常要高于社会平均水平。数字货币就简单多了，它不再需要银行门店，更不需要雇佣大量的柜台人员。人们完全可以通过网上银行进行各种业务的办理，这样不但效率高，而且还不用排队，也不用担心在取款过程中遭遇歹徒袭击，甚至连那些银行抢劫犯都要面临下岗失业的危险。

除此之外，未来货币还为国家机器提供了一种新思路，即不再需要政府为货币背“信用书”！

一个国家做出这样的选择，也不是一件难以理解的事情。一个国家有时候好比一个人，而信用则是决定人品的标准。如果有一件事情败了人品，那么就会遭到他人指责。国家也是这样，信用货币时代为货币附加信用只是政府迫不得已的行为。未来货币完全可以摆脱传统货币的束缚，甚至不需要政府提供强大的“信用”，它就可以自成一体，如同世外功夫高手。只不过政府需要监管它，或者说需要借用它的“功夫”而已。

未来货币一定是大势所趋的，而且也是一个国家甚至整个世界所盼望的。国与国之间的货币战争虽然从未停止，但是区域与区域之间的相互合作却越来越紧密。以欧盟为例，有一些欧盟成员国虽然还保留着自己的货币种类，但是欧元的作用在整个欧盟体系内是无法被取代的。如果欧元以一种“数字货币”的形式出现，那么它的流通效率将会更高，而且能进一步促进欧盟各国之间的贸易关系。另外，“去中心化”的数字货币还能保持公平中立的态度，不会因人为因素而倾向于某一国家和地区。

“去中心化”就是一个国家和联盟摆脱“信用”束缚的最佳方案。而区块链技术的应用又可以让庞大的政府节省开支，同时还可以带来阳光式的管理方案，让更多民众参与监督政府的行为。事实上，政府的出现本就是因民众的意愿而诞生的，只不过事实不是“现实”，而“现实”只能呼吁一种新货币给人们的生活带来更多便利罢了！

改变国家财富命脉的一把利器

苹果公司前CEO史蒂夫·乔布斯曾说：“活着就是为了改变世界！”人类自诞生之日起，就不停地通过改造世界改变着自己。货币就是人类改变世界的一个创造，有了货币，也就有了交易，交易的发达逐渐演化成为经济！后来，货币在人们的手里变成了一种“万能工具”，它更像是一把插在金融与经济之间、国与国之间、民间与官方之间的双刃剑！人们不停地创造新货币，与此同时新货币又在不停地改变着世界。

不久前有一个人气爆棚的纪录片——货币。这个纪录片一共十集，以一种图文并茂的方式展现了货币的崛起！货币的崛起也就意味着经济的崛起、国家的崛起，甚至是一个民族的崛起。货币对人类世界的改造是全方位的，它不仅仅体现在某一个特有的金融圈子里面，更多体现在一个国家的财富命脉及人民物质生活水平上。那些打赢货币战争的国家和地区，在享受优惠货币政策的同时，还会对其他的货币有很强的控制力和影响力，比如美元。“二战”结束后，布雷顿森林体系确立了美元的地位，而美元背后的美国也成为世界第一强国，可以看出货币的影响力与国家实力是成正比的。

互联网作为改变世界的第三次技术革命，似乎有“意识”打破传统货币体系的格局，它将原本闭塞的个体通过“网络”连接起来，形成了全球一体化的“雏形”。而那些乘互联网东风而来的数字货币也改变了人们对货币的认识。

数字货币只是一串网络符号，甚至也没有官方铸币局参与制作，它不属于某一个国家、甚至某一个人，但它具有某种“世界性”，也就是说它属于全人类！事实上，数字货币确实是没有国界的，它自由地存在于全球互联网上的某一个角落，只需要你借助一定的算力找到它而已。

就是这样一种货币形式，自它诞生后便引起轩然大波！有些经济学家认为：“数字货币完全是骗子们的坏点子！”那些持中立观点的人觉得，数字货币是一应景之物，它的出现应该不是什么骗局。当然也有许多支持者和追随者，他们说：“数字货币完全可以打破垄断，一统江湖！”人们对数字货币褒贬不一，但是当我们回归理性，再一次坐到电脑前，用理智的目光重新审视这串略显怪异的、如同乱码一般的数字货币时，会不会有一种看未来剧的感觉呢？人们的这种恐惧和争议不就是源自于对新兴事物的不理解吗？再次返回到百年之前，当信用货币取代黄金的那一刻，也是打破了“黄金是天然唯一的货币”这一谎言。既然如此，我们就更应该理性地看待数字货币能够改变世界这一事实。

不得不说，传统货币其实带有极其浓厚的政治色彩，在一定程度上似乎背离了货币的本意。尤其是信用货币时代，货币的价值完全是靠一种信用在维持。而这种信用又是完全建立在国家政权之上的，甚至可以说它根本不是信用，而是一种权力。

凭借权势，一张废纸价值千金；凭借权势，一张废纸便可以肆意妄为！背离初心的货币在民主演变、社会开放的今天，有点儿站不住脚了。许多国家和地区一度打算恢复淘汰百年的黄金地位，当然，这种“违背自然规律”的行为也是不可能成功的。

就在此时，数字货币出现了！数字货币的出现似乎让人们重新感受到“初心”的力量，许多国家和地区也开始研究它，甚至把它当作一根“救命的稻草”。许多经济学家也纷纷蹦了出来，手里拿着计算器帮政府算账。如果把现有货币换成数字货币，将会为政府节省庞大开支！但事实并不是想象的那么美好，数字货币表面看上去很美好，但实际还有许多缺陷，而这些缺陷也是数字货币无法被大面积应用和推广的主要因素。数字货币还不是很稳定，还有很长的路要走。历史上，新兴货币取代旧货币都需要一个过程，如金属货币取代自然货币用了上千年的时间，信用货币取代金属货币也用了近一百年的时间。时间不是问题，但在这个时间内人们需要不断地更新观念，不断地完善数字货币。

虽然数字货币还不能称为“货币”，但是它的时代性、先进性及未来发挥空间都远远超出传统货币。作为一种互联网的衍生产品，它更了解互联网的脾气，而且也能更好地在互联网世界里驰骋。

如今，世界上已经没有拒绝网络的国家，网络带来的便利超出了人们的想象。上到政府机构，下到百姓生活，互联网几乎把所有人联络沟通在了一起。作为它的“孩子”，数字货币就是这么霸气！更重要的是数字货币一旦被“发掘”，就再也不会消失。人们不用担心它会像一张普通钞票那样会被盗、丢失或者损毁。它独特的气质在不断变化的金融体系内开始变得有竞争力，或许未来某一天它能够成为货币史上的重要角色。

区块链技术似乎是整个数字货币的核心，这项技术在笔者看来甚至是可以媲美互联网的。区块链技术不仅可以实现交易的透明化，而且还具有记账、查询等功能。这项技术是目前各国政府迫切需要的，依靠这项技术，政府可以处理过去难以解决的问题，比如旧账难觅、暗箱操作、银行腐败、黑市交易等。只要监管得力，数字货币还能发挥更大的作用。

经营之神松下幸之助在《创业的人生观》中说过一句话：“所谓成长发展,就是要有很多东西不断发生,然后变成繁荣的形态,也可以用‘日日新’这句来代表。意思是说，旧的东西不断灭亡，新的东西不断诞生。”数字货币的出现也印证了这个道理，唯有不断变化才是永恒……

各国之间的金融博弈

战争一直没有停止，甚至还有愈演愈烈之势！只不过这种博弈和较量不再借助战场，而是借助自己的综合实力。有人说：能够打赢和平战争的国家，最终才能成为超级大国！

美国算是一个从第二次世界大战硝烟里走出来的强国,它不仅在“二战”时期保存了实力，而且还通过军火生意大赚了一笔，最终成为世界上第一个超级大国。昔日霸主英国却遭受战争重创，经济倒退了十几年。美国成了老大，紧跟着美元也成为世界上影响力最大的货币。随着布雷顿森林体系的建立，美元成了取代黄金储备的唯一货币。世界任何货币都向美元看齐，美元俨然一副“班长”的形象。当然世界上没有哪个国家和民族心甘情愿地任美国摆布。它们各自有各自的算盘，一方面不得罪美国；另一方面打算以“结盟”的方式对抗美国。事实上，现代货币战争也是从“二战”之后开始的。

苏联作为“二战”后的第二个超级大国，显然不想让美国一家独大。举个例子，老大、老二都很有实力，都索要家族里的话语权。老大说：“我最有钱，有什么问题就应该找我解决！”老二说：“我最能打，出了什么事我也可以解决！”争来争去，老大、老二关系恶化，老死不相往来！后来美国与苏联打起了冷战，这个战争一打就是几十年。

冷战要说是两个阵营之间的较量，倒不如说是一场蓄谋已久的货币战争。“二战”后的苏联，经历了短时期的高速发展，在经济和军事上都有较大起色。但是苏联由许多独立的联邦成员构成，这样的国家在政治成分上存在“破碎”的风险。除此之外，卢布的影响力实在很有限，它的国际地位甚至还不如英镑、法郎、马克。想要树立政治地位，首先要让卢布打败其他货币。美元与卢布的较量，根本就不是同一级别的较量。最终的结局也印证了这个道理。

冷战结束，苏联解体，以卢布为货币体系的独联体国家陷入了金融危机。以俄罗斯为例，叶利钦时期虽然竭尽全力为其诊治，但无奈元气大伤，再无汇聚“洪荒之力”的本领了。据统计，苏联解体后，俄罗斯的机械制造业产能缩水超过60%，而轻工业、纺织业等缩水超过80%，俄罗斯的实体经济几乎遭到毁灭性打击，甚至一度只能靠出卖尖端的武器装备弥补漏洞。

咱们再看看冷战前后美元 PK 卢布的结果。冷战结束前，1 美元只能兑换 0.6 卢布。冷战刚刚结束，俄罗斯推出一个“休克疗法”，政府为了重振雄威竟然增发了 18 万亿卢布，引发了严重的通货膨胀。1994 年，1 美元甚至可以兑换 3235 卢布，卢布彻底沦为“鸡肋”！那些冷战前的苏联百万富翁因“货币战争”的惨败最终沦为贫民，有的甚至靠政府救济来维持生活。苏联的解体算是世界上经典的“货币战争”案例，以至于后来再无国家敢于公开对美国挑起货币战争……

像美国这样“一家独大”的国家毕竟还是少数，对于其他国家而言，结盟比树敌好。俗话说的话，三个臭皮匠赛过诸葛亮。欧盟其实就是欧洲诸国联合对抗货币霸权的一种方式。欧元作为欧盟成员国的“法定货币”，它不仅可以让成员国之间的法定货币自由兑换，而且直接参与到欧盟各国的货币体系建设中。在众多“臭皮匠”的共同努力下，欧元也逐渐成为大区域的体系货币，完全可以抗衡美元！除了欧盟，“东盟”虽然没有自己的货币，但却结成了以“人民币”为中心的货币联盟。这样的结盟方式虽然与“欧盟”不太相似，但是功效是一样的。

如今世界上的货币体系不像过去那样以某种单一货币所构建，而是呈现出三足鼎立的态势：美元化国家联盟、东盟、欧盟……事实上，这样的结盟方式避免了国与国之间直接的碰撞与对抗，也为未来的“全球一体化”埋下了伏笔。

互联网数字货币似乎可以促进这样的“大融合”，它所依赖的互联网技术完全可以形成一个地球村，在地球村里人们可以用统一的货币进行结算，每一个国家也不再为紧缺的黄金储备而发愁。去中心化的数字货币可以使国与国之间的资源分配更加均衡，甚至可以像社会主义大家庭般的按需分配模式进行。除此之外，互联网数字货币的 P2P 式交易模式缩短了国与国之间的距离、时差。而且也不再需要货币兑换等烦琐的服务。如果说现代货币的职能已经不限于以物易物，而是参与政治与经济的管理，那么互联网数字货币比传统货币更具优势。

以笔者看来，未来的货币布局未必是分庭抗礼的，也不会是三足鼎立的，而会趋于大同。全球一体化让整个世界变成了一个“人”，不管是皮肤、肌肉还是骨骼，一伤则全身痛！未来的货币世界或许在短时间内存在相互摩擦和博弈，但更多的将会是相互合作与支持。战争没有好处，只会给国家和人民带来痛苦，哪怕是无硝烟的“货币战争”。相信，未来的世界会如孔子《礼记》中说的：“大道之行也，天下为公。选贤与能，讲信修睦，故人不独亲其亲，不独子其子，使老有所终，壮有所用，幼有所长，矜、寡、孤、独、废、疾者，皆有所养。男有分，女有归。货恶其弃于地也，不必藏于己；力恶其不出于身也，不必为己。是故谋闭而不兴，盗窃乱贼而不作，故外户而不闭，是谓大同。”